FRANK KLOSE
BIKE-TOUREN HARZ

FRANK KLOSE

BIKE-TOUREN
HARZ

DELIUS KLASING VERLAG

Alle Rechte vorbehalten! Ohne ausdrückliche Erlaubnis des Verlages darf
das Werk, auch nicht Teile daraus, weder reproduziert, übertragen noch kopiert
werden, wie z. B. manuell oder mit Hilfe elektronischer und mechanischer
Systeme inklusive Fotokopien, Bandaufzeichnung und Datenspeicherung.

Der Autor hat sich bemüht, alle in diesem Buch genannten Informationen
und Angaben korrekt zu ermitteln. Das Befahren der Wege erfolgt auf eigene
Gefahr. Verlag und Autor können für Schäden oder Unfälle keine Haftung
übernehmen und weisen darauf hin, daß beschriebene Wegabschnitte
zwischenzeitlich einem allgemeinen Fahrverbot unterliegen oder nur für
Wanderer zugelassen sein können.

Die Deutsche Bibliothek – CIP-Einheitsaufnahme

Klose, Frank:
Bike-Touren / Frank Klose. – Bielefeld: Delius Klasing.
Bd. 1. Harz / (Fotos: Frank Klose; Eddie Wagner). – 1994
ISBN 3-7688-0836-X

ISBN 3-7688-0836-X

© Copyright by Delius, Klasing & Co., Bielefeld
Schutzumschlaggestaltung, Innenlayout: Rudi Kappler
Fotos: Frank Klose, Eddie Wagner (Seite 8/9, 70, 110 und Umschlagrückseite)
Karten, Höhenprofile: Graphikbüro Römer, Freiburg i. Brsg.
Druck: Kunst- und Werbedruck, Bad Oeynhausen

Printed in Germany 1994

INHALTSVERZEICHNIS

Vorwort, Einleitung 7

Zum Gebrauch des
Offroad-Bike-Guide 8

Tour 1
Seesener Höhentour 10

Tour 2
Die Höhen um Bad Grund 14

Tour 3
Von Badenhausen ins obere
Innerstetal 18

Tour 4
Osteroder Schnuppertour 22

Tour 5
Powertour zum Acker 26

Tour 6
Sösetal-Rundtour 30

Tour 7
Talsperrentour Nordharz 34

Tour 8
Über den Rammelsberg 38

Tour 9
Von Zellerfeld zur Schalke 42

Tour 10
Herzberger Mittelharztour 46

Tour 11
Panoramatour
rund ums Siebertal 50

Tour 12
Traumhafte Knollentour 54

Tour 13
Harzburger Höhen 58

Tour 14
Bruchberg-Höhentour 62

Tour 15
Dreamtour St. Andreasberg 66

Tour 16
Die Hochharzgipfel 70

Tour 17
Vom Odertal zum Stöberhai 74

Tour 18
Top-Tour Ravensberg 78

Tour 19
Brutaltour zum Brocken 82

Tour 20
Rund um den Brocken 86

Tour 21
Tolles Odertal 90

Tour 22
Nordharzer Brockentour 94

Tour 23
Zwischen Hohegeiß
und Braunlage 98

Tour 24
Zwischen Hexentanzplatz
und Roßtrappe 102

Tour 25
Familytour Selketal 106

Tour 26/27/28
Drei Tage im Harz 110

Tour 26
Von Eckertal nach Oderbrück ... 112

Tour 27
Von Oderbrück nach
Osterode 114

Tour 28
Von Osterode nach Eckertal 116

Tour 29/30
Seesener Weekend 118

Tour 29
Von Seesen nach Osterode 120

Tour 30
Von Osterode nach Seesen 122

Tour 31/32
Harzüberquerung
in zwei Tagen 124

Tour 31
Von Oker nach Osterode 126

Tour 32
Von Osterode nach Goslar 128

Tour 33/34
Südharzer Weekend 130

Tour 33
Von Walkenried
zum Wurmberg 132

Tour 34
Von Braunlage
nach Walkenried 134

Tour 35–40
Gesamtgebiet in 6 Tagen 136

Tour 35
Von Goslar nach Ilsenburg 138

Tour 36
Von Ilsenburg
nach Oderbrück 140

Tour 37
Von Oderbrück
nach Walkenried 142

Tour 38
Von Walkenried
nach Herzberg 144

Tour 39
Von Herzberg
nach Osterode 148

Tour 40
Von Osterode
nach Goslar 150

VORWORT

Biken in Deutschlands Mittelgebirgen wird immer populärer, denn hier laden ein Fülle von Wegen zum Austoben ein. Und es gibt sie überall. Vom Harz im Norden bis zum Schwarzwald oder Bayerischen Wald im Süden finden Biker, fast vor der Haustür, tolle Touren, vom Familienausflug bis zum Erschöpfungstrip. Eine Vielzahl von Wirtschaftswegen, die leider immer noch nicht alle für den öffentlichen Kfz-Verkehr gesperrt sind, reduziert Konflikte, sofern es sie überhaupt gibt, zwischen Wanderern und Bikern auf ein Minimum. Trotzdem gilt natürlich überall, daß Wanderer Vorrang haben; wüste Herumbolzerei und aggressives Auftreten schaden der gesamten Radlerschar. Daher sei hier noch der allgemeine Tip erlaubt: durch Fußgänger stark frequentierte Wege an Wochenenden und in der Hochsaison meiden und auf abgelegenere Trails ausweichen. Mit dem Bike ist das ja wirklich kein Problem.

EINLEITUNG

Das nördlichste deutsche Mittelgebirge liegt verkehrsgünstig, nahezu im geographischen Mittelpunkt der Republik. Mit dem Auto kann man es von Süden oder Norden her sehr gut über die BAB 7 erreichen. Der nächstgelegene wichtige Bahnhof ist Göttingen, hier stoppen auch die superschnellen ICEs.

Das Gebirge selber ist 30 Kilometer breit und 120 Kilometer lang. Es erstreckt sich von Seesen im Nordwesten in südöstliche Richtung bis nahe Mansfeld. Da die Kompression, die das Gebirge vor Jahrmillionen entstehen ließ, von Nordwesten her wirkte, ist der westliche Teil recht bergig. Der östliche Teil ist eine Hochfläche, hier sind nur die Taleinschnitte zum Mountainbiken interessant. Daher ist leicht nachzuvollziehen, daß die meisten beschriebenen Touren westlich des Brockens liegen.

Biken im Harz mag vielen wenig reizvoll erscheinen, daher sei eines gleich zu Anfang gesagt: Der Stollenflitzer findet hier traumhafte Touren vor. Warum also in die Ferne schweifen? Eine Vergangenheit, die über 1000 Jahre Bergbau beinhaltet, verschaffte dem Mittelgebirge eine Infrastruktur, die ihresgleichen sucht. Wege über Wege, kaum Betrieb, was will der Mountainbiker mehr? Daher gibt es auch kaum Konflikte, niemand beschwert sich über die Radler. Vielmehr kommt es vor, daß Spaziergänger klatschend die Kurbelfreaks anfeuern. Erwähnen muß man auch noch den Topzustand der Wege, hier leistet der Harzklub wirklich großartige Arbeit; auch seine Mitglieder haben keine Ressentiments gegenüber dem Radeln. Daß das so bleiben muß, liegt auf der Hand, daher bleiben aggressive Möchtegernbiker lieber zu Hause. Bremsspuren und lautes Johlen sind tabu, Querfeldeinfahren ist eh verboten, da es ein Wegegebot gibt, und mineralische Schmierstoffe zu verwenden ist eine nicht verzeihbare Untat. Das Motto muß also lauten: hart gegen sich selbst und absolut soft zu Mitmenschen und Umwelt. Wer sich danach richtet, wird zumindest hier keinerlei Schwierigkeiten bekommen.

Wer den Harz besuchen möchte, der findet viele Übernachtungsmöglichkeiten vor, auch Fahrradläden mit angeschlossenem Verleih sind vorhanden. Informationen erhält man beim Harzer Verkehrsverband in Goslar oder, speziell auf Biken bezogen, bei der 1. Mountainbike-Schule Harz im Hotel zur Tanne in Osterode. Hier lernt man nicht nur mit dem Fahrrad umzugehen, sondern man bekommt auch Tips und Hinweise, wie man streßfrei biken kann. Außerdem sind im Falle eines Falles hier immer Ersatzteile parat, falls man sie dringend braucht. Zu wünschen bleibt nur: viel Spaß beim Biken im Harz.

ZUM GEBRAUCH DES OFFROAD-BIKE-GUIDE

Das Streckenprofil, der Tourcheck und die Kartenausschnitte ergeben ein genaues Bild jeder Tour. Akribisch genaue

Streckenbeschreibungen mit exakten Kilometerangaben sollen ein leichtes Auffinden der einzelnen Strecken ermöglichen. Am Anfang jeder Tour sollte man den Lenkerlaptop auf Null stellen und dann die Strecken am besten einmessen. Sollten Veränderungen eintreten, kann man das Vorderrad anheben und entsprechend das Rad nachdrehen, bis wieder Übereinstimmung besteht. Dazu muß der Fahrradcomputer allerdings richtig eingestellt sein. Um den Streckenverlauf nachzuvollziehen, ist natürlich auch ein genaues Kartenlesen sehr hilfreich. Die Angaben der reinen Fahrzeiten sind natürlich absolut subjektiv und dienen nur als Anhaltspunkt. Jeder Stopp und alle Pausen müssen zu den Zeiten hinzugerechnet werden. Es ist also gut möglich, daß sich die Dauer der gesamten Tour im Vergleich zur reinen Fahrzeit verdoppeln kann. Die Angabe „Anstiege" ermittelt sich aus der Addition aller Höhenmeter, die bei einer Tour bewältigt werden. Die graphische Darstellung des Streckenprofils gibt einen optischen Eindruck vom Tourverlauf und bezeichnet markante Punkte wie Höhen oder Tallagen. Partielle Angaben der reinen Fahrzeit ermöglichen eine Zeitkontrolle. Anhand des Vergleichs mit der eigenen Zeit kann man so recht bald errechnen, wie lange man selbst unterwegs sein wird. Zu guter Letzt sei noch der Hinweis erlaubt, daß Haftung jedwelcher Art abgelehnt wird. Insbesondere die Beschaffenheit der Wege kann sich verändern. Konfrontationen mit dem Gesetzgeber sind in jedem Fall zu vermeiden. Was bleibt ist der Wunsch, daß tolle Touren in landschaftlich reizvoller Umgebung Lust auf mehr machen und die Blechkarossen möglichst oft stehenbleiben. Denn eines ist klar:

„Fahrradfahren stinkt nicht."

1 SEESENER HÖHENTO

ALLGEMEINES

Ein Knall durchbrach die verhängnisvolle Stille und versetzte die ganze Gegend in Aufregung. Der reitende Förster Spellerberg aus Lautenthal hatte den letzten Luchs erlegt. Das war am 17. März 1818. Zuvor hatten allerdings 200 Jäger und Treiber, teils zu Pferde, teils zu Fuß, in einer großangelegten Treibjagd die Wildkatze erbarmungslos gehetzt. Westlich des gesamten Innerstetals trieb man das Tier hin und her, bis es endlich seine letzte Ruhe fand. Zu Ehren des Försters und seiner Helfer errichtete man den Luchsstein, um an diesen Vorgang zu erinnern. Man stelle sich das einmal vor: 200 gutausgerüstete Jäger hetzten den Luchs erst einmal fast zu Tode, bis sie ihn schließlich erlegten. Heute wäre so etwas kaum noch möglich, gibt es doch im Gegenteil Stimmen, die fordern, man solle diese Großkatze wieder aussetzen, um das natürliche Gleichgewicht im Wald wiederherzustellen. Es ist ja auch in aller Munde, daß viele deutsche Wälder mit Rotwild und ähnlichem überbevölkert sind. Nur die Lobby der Jägerschaft sieht das natürlich ganz anders, will man doch ,,waidgerecht" noch so manchen Hirsch erlegen. Dabei läßt man sich von einer Raubkatze nicht gern ins Handwerk pfuschen. Und vielleicht ist das auch besser so, sonst wird der Biker noch zum Gejagten.

STRECKENPROFIL

Gesamtstrecke: 42,1 km
Reine Fahrzeit: 3,27 h
Anstiege: 1020 Höhenmeter
Schwierigkeit: Streckenweise schwer

Ab Seesen fährt man auf dem Forellenstieg in Richtung Tränkebachhütte. Bald folgt ein Anstieg, der es in sich hat. Ein schmaler Trail führt sehr steil das Tränkebachtal hinauf. Oben angelangt, hat man die Möglichkeit, seinen Getränkevorrat nachzufüllen. Die Tränkebachquelle bietet sauberes, kühles Wasser, und das wirkt ganz schön erfrischend. Danach fährt man auf geschotterten Forstwegen zum Stemplatz, wo die Abfahrt ins Innerstetal folgt. Leider führt dieser Powerdownhill über asphaltierten Weg. In Lautenthal wird es dann wieder interessant. Man fährt wieder auf schmalem Weg bergauf zum Lautenthaler Kunstgraben. An diesem entlangzuradeln ist schon ein Erlebnis. Der schmale Weg ist eben, und ständig hat man eine tolle Aussicht über das Tal hinweg. Auf Schotterwegen geht es erst einmal weiter bergauf, bald überquert man die Landstraße nach Hahnenklee, und weiter geht's über einen Höhenweg zu den Altarklippen. Die Klippen sind geologisch eigentlich nicht so herausragend, aber die Aussicht hat es wiederum in sich. Es folgt der Downhill nach Wolfshagen, dann geht es über flachere Hügel, aber auf interessanten Wegen zur Innerstetalsperre (Baden erlaubt). Hier gibt's auch einen Leckerbissen, eine Treppe führt hinab, nur schade, daß sie aus Beton besteht. Man überquert die Staumauer des Stausees und fährt erst einmal auf Teer an ihm entlang. Dann radelt man auf Forstwegen wieder bergan zur Tränkebachhütte. Die Abfahrt führt auf dem gleichen Trail bergab, der zu Anfang als Anstieg diente. Sorry, aber das muß sein.
Viel Spaß.

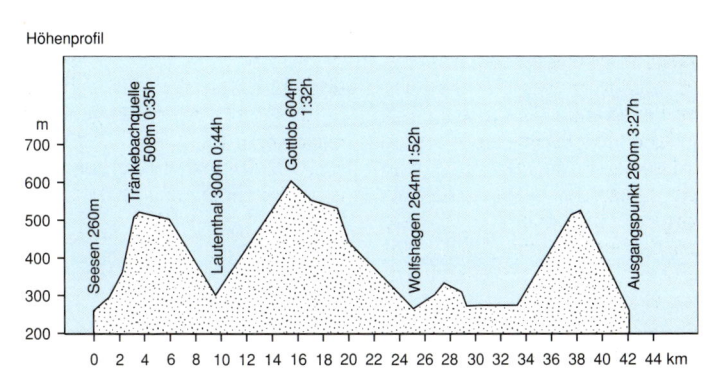

Höhenprofil

1 SEESENER HÖHENTOUR

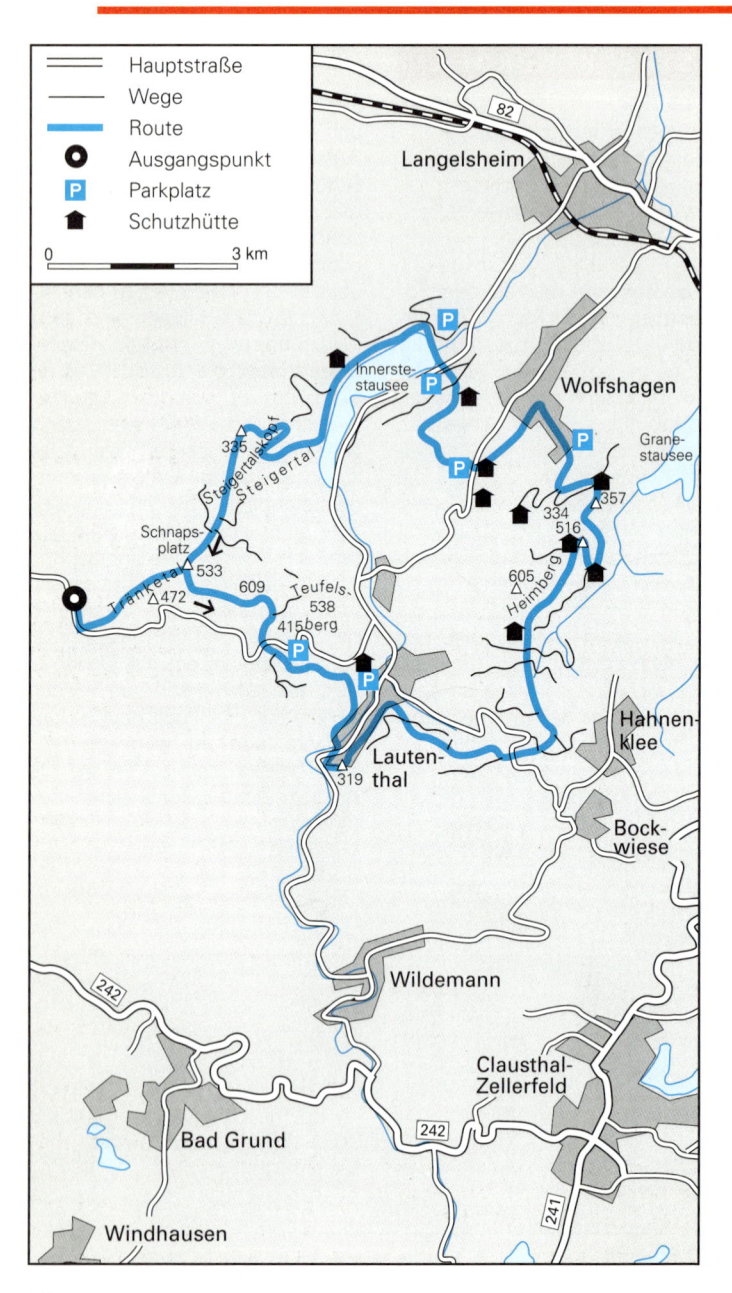

TOURCHECK

km 0,0 Ausgangspunkt ist der Parkplatz am Kurpark in Seesen, er liegt an der Straße nach Lautenthal. Diese überquert man am Imbiß. Man folgt erst einmal dem markierten Harzwanderweg 1 in Richtung „Lautenthal" (roter Punkt).

0,9 Links, Brücke überqueren, dann sofort wieder rechts, bald die Landstraße überqueren. Nun rechts halten und auf breiterem Forstweg bergan. Nach 300 m geradeaus.

1,6 Geradeaus weiter in Richtung „Tränkebachhütte". Am Wildgatter etwas links halten.

2,2 Rechts ab, durchs Wildtor und auf Singletrail bergauf.

3,2 An der Tränkebachquelle links halten, an der Hütte vorbei und auf Schotterweg weiter bergauf. Nach 400 m rechts.

6,0 Am Schnepfenplatz rechts, am Stemplatz Landstraße queren, nun links auf Asphalt bergab. In Lautenthal links, über Brücke und Landstraße, hier etwas rechts und auf schmalem Weg bergauf.

10,2 Links, sofort wieder links und weiter bergauf. Man erreicht dann einen Schotterweg, hier nochmals links.

10,4 Links ab und am Lautenthaler Graben entlang bis zu einem größeren Platz, weiter auf breiterem Schotterweg.

11,7 Rechts halten, nach 100 m scharf rechts und bergauf.

12,3 Scharf rechts um das Gasthaus herum und weiter auf Schotterweg bergauf. Nach 200 m scharf links.

13,5 Rechts halten.

14,6 An der Wegschranke rechts halten, nach 200 m links die Landstraße überqueren und jetzt weiter geradeaus.

15,6 Bei Schutzhütte Gottlob geradeaus („Altarklippen").

17,2 Bis hierher geradeaus, nun links auf Sommerbergweg.

19,2 Geradeaus, dann sofort rechts auf schmalem Weg weiter an einer Forsthütte entlang. Nun rechts halten und Bike bergab tragen. **Achtung Steilhang!!!** Auf Schotter nun talwärts Richtung „Wolfshagen".

20,1 An der Sommerberghütte links, nach 1500 m rechts.

22,2 Man erreicht einen geteerten Forstweg, auf diesem immer bergab nach Wolfshagen.

24,1 Am Campingplatz geradeaus, nach 600 m rechts ab, am Triftweg dann links ab, bald Landstraße queren, weiter in Richtung „Innerstetalsperre".

26,9 Links auf Schotterweg weiter. Nahe der Hütte rechts, die Straße überqueren und weiter auf dem rechten Forstweg.

27,6 Rechts weiter auf schmalem Weg, nach 200 m rechts auf Schotterweg weiter.

28,1 Rechts, runter vom Teer und weiter auf schmalem Pfad. Nach 300 m rechts. Km 29,0 rechts (90°). Nach 200 m links, erst bergab, dann bergauf, Treppe hinunter, Staumauer überqueren und dann links am Stausee entlang.

33,5 Uferweg verlassen, rechts ab und bergauf in Richtung „Dicke Eiche". Km 35,2 links in Richtung „Tränkebachhütte". Km 37,8 rechts.

38,5 Kurz nach dem Schnapsplatz rechts und auf gleichem Weg wie Anstieg zurück zum Ausgangspunkt.

13

2 DIE HÖHEN UM BAD

ALLGEMEINES

In Grund, wie der Ort hieß, bevor es den Zusatz „Bad" gab, lebten die Menschen jahrhundertelang nahezu ausschließlich von Bergbau, Hüttentechnik und Forstwirtschaft. Man war ständig Wind und Wetter ausgesetzt. Bei karger Nahrung und harter Arbeit bedeutete das für viele Bewohner der Harzer Bergstädte einen frühen Tod. Trotzdem waren sie stolz auf das, was sie taten, so wie es die noch heute lebenden Bergleute sind, die als letzte den Harz noch „von innen" zu sehen bekamen. Mittlerweile ist der Erzbergbau erloschen, die letzte Grube mußte wegen Unrentabilität schließen. Wie dem auch sei, die alten Geschichten und Sagen sind geblieben. Der Wunsch nach einem leichteren Leben drückte sich in zahlreichen Legenden aus, und da sich die Realität nicht so einfach ändern ließ, mußten Zauberer, Gnome, Hexen und gar der Teufel für Glück oder Unglück herhalten. Auch den Zwergen, bekannt aus Grimms Märchen, dichtete man allerlei Zauberkünste an, die sie vor allem dann anwandten, wenn es galt, einem rechtschaffenden Menschen, der zu Unrecht in Not gekommen war, zu helfen.

GRUND

STRECKENPROFIL

Gesamtstrecke: 38,8 km
Reine Fahrzeit: 2,43 h
Anstiege: 728 Höhenmeter
Schwierigkeit: Anspruchsvoll

Vom Taternplatz fährt man anfangs auf Singletrail bergab, der untere Teil der Abfahrt führt über Teer. Nachdem man am Ortsende von Bad Grund die Landstraße überquert hat, geht es weiter auf dem schönen Horizontalweg in Richtung Iberg. Ab dem Hübichenstein beginnt der Anstieg, der gute Kondition und auch schon fahrerisches Können verlangt. Der Weg über die Höhe bis zum Stemplatz ist landschaftlich einfach wunderschön. Es folgt eine schnelle, aber langweilige Teerabfahrt nach Lautenthal. Ab hier wird's dann wieder interessant. Ein netter Anstieg führt durch das alte Bergbaugelände hinauf nach Bockswiese. Die Wege sind bis hier gut zu befahren, vorausgesetzt, man verfügt über genug Muskelschmalz und Ausdauer.

Von Bockswiese bis zum Spiegelthaler Zechenhaus befindet man sich in traumhafter Landschaft, zwei Teiche laden hier zum Abkühlen ein (natürlich nur im Sommer). Das Zechenhaus legt eine kleine Rast nahe, nette Wirtsleute, die Bikern gegenüber super aufgeschlossen sind, bieten die Möglichkeit, sich zu stärken. Es folgt wieder ein kurzer Anstieg, bevor man nach Wildemann hinunterkommt. Im Ort fährt man ein Stück auf der öffentlichen Straße. Zum Abschluß dieser tollen, nicht ganz einfachen Tour folgt noch ein netter Singletrail bergauf zum Taternplatz. Zusammenfassend kann man sagen, daß man diese Rundtour nicht unterschätzen sollte, doch fahren muß man sie auf jeden Fall. Allein die Landschaft und die Biketrails entschädigen manche für ihre Anstrengung. Bei Nässe werden die Wege übrigens durchaus etwas schwieriger, was ja eigentlich für viele Touren zutrifft.

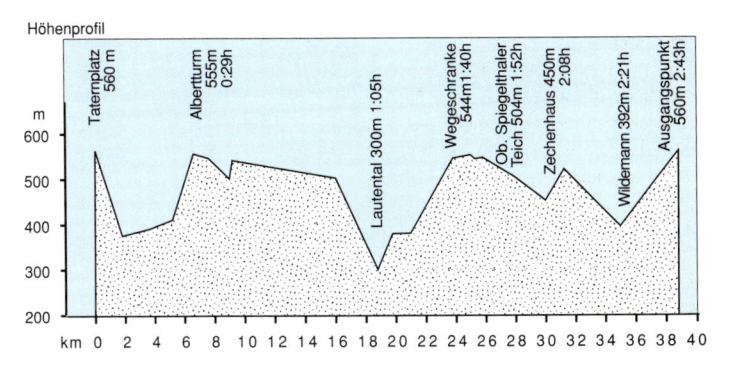

Höhenprofil

2 DIE HÖHEN UM BAD GRUND

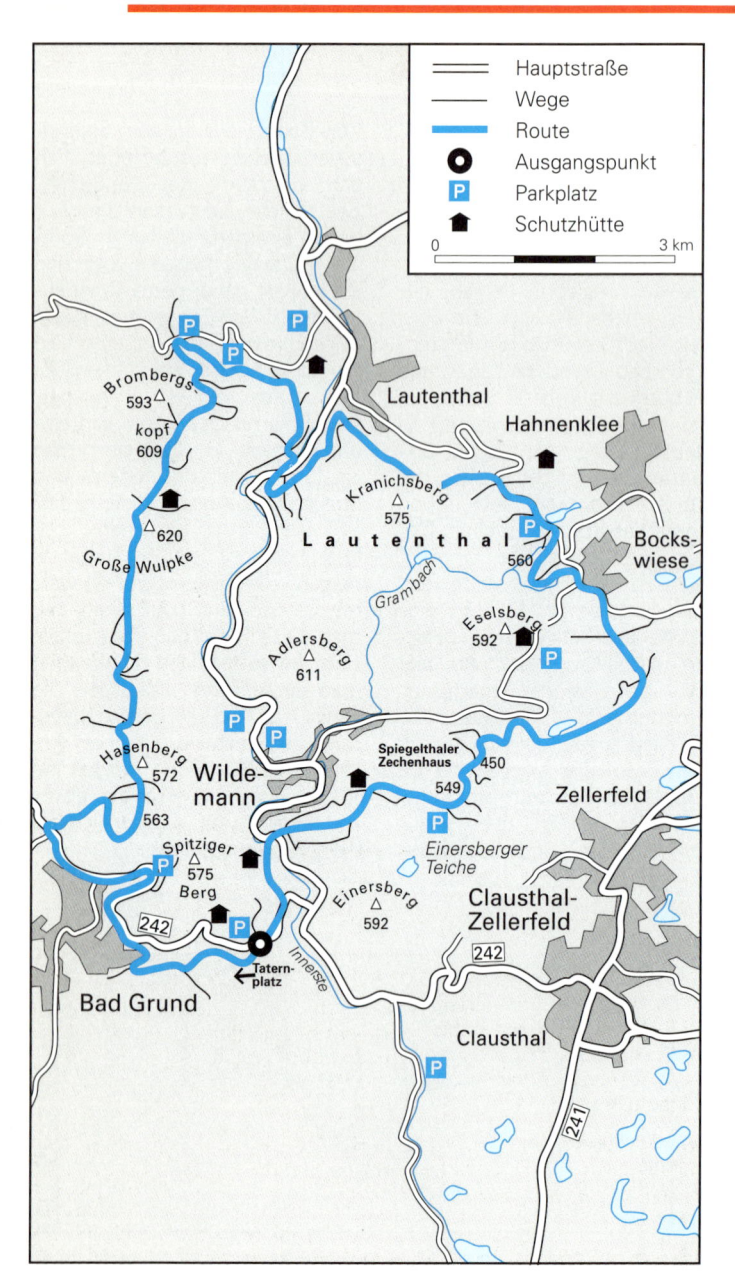

═══	Hauptstraße
—	Wege
—	Route
◎	Ausgangspunkt
🅿	Parkplatz
🏠	Schutzhütte

0 — 3 km

TOURCHECK

km 0,0 Verläßt man Bad Grund auf der B 242 in Richtung Clausthal, dann kommt man am Übergang ins Innerstetal zum Parkplatz „Tatemplatz". An der südlichen Straßenseite fährt man auf Singletrail nach „Bad Grund".

0,7 Rechts steil, dann auf Teer weiter bergab.

1,4 Hier scharf links ab und auf Teer weiter bergab.

1,8 In Bad Grund Hauptstraße queren, weiter auf Horizontalweg.

3,5 Am Eisensteinstollen zweigt der Horizontalweg nach links, hier weiter Richtung „Iberg".

4,2 Man kreuzt die Schurfbergstraße, auf ihr etwas bergab, dann rechts auf dem Horizontalweg weiter.

5,2 Am Hübichenstein rechts, B 242 queren, dann am Wanderparkplatz weiter Richtung „Albertturm".

5,7 Links weiter, nach 400 m rechts und weiter bergauf.

6,6 Am Albertturm weiter in Richtung „Spinne".

7,5 An der Spinne biegt man links ab in Richtung „Stemplatz".

8,2 Am „Keller" geradeaus über die alte Chaussee und weiter zum „Grünen Platz". Hier erst rechts und dann links. Dann auf Grasweg zu den Strommasten hinauf, hier links, weiter auf Schotterweg.

15,9 Am Stemplatz erreicht man die Landstraße, vor dieser rechts abbiegen und auf Teerweg abwärts nach Lautenthal.

18,8 Am Ortsrand links, über Brücke und Landstraße, dann Singletrail in Richtung „Hahnenklee-Bockswiese" folgen.

19,4 Links und sofort wieder links. Am nächsten Schotterweg wieder links. Nach 200 m erreicht man einen Graben, hier links und an ihm entlang.

20,9 Rechts halten, nach 100 m scharf rechts und bergauf.

21,5 Scharf rechts um das Gasthaus herum und weiter bergauf, nach 200 m scharf links. Km 22,7 rechts.

23,8 Nahe der Landstraße rechts halten und auf Waldweg weiter, anfangs parallel zur Straße.

24,7 Bis hierher geradeaus, dann ca. 150 m an Teerstraße entlang. Nach dem Teich links weiter, dann rechts am Waldrand entlang.

25,0 Straße queren, dann geradeaus in den Ort, nach 600 m rechts weiter. 200 m weiter wieder rechts, dann nach 100 m links auf Teer weiter.

26,3 Rechts, weiter auf Waldweg, dann geradeaus ins Spiegelthal, am Ende des Teichs etwas rechts und am Graben zum nächsten Teich. An der Staumauer den steinigen Weg bergab.

30,0 Am Zechenhaus links auf Schotter bergauf.

31,1 Rechts, nach 100 m links.

33,4 Bis hierher geradeaus, rechts weiter auf schmalem Weg.

34,0 Links, direkten Weg nach Wildemann steil bergab.

35,0 Im Ort links halten und links auf Hauptstraße weiter.

36,7 Landstraße verlassen, rechts Richtung „Tatemplatz". Am Zeltplatz links, am Tor auf mittlerem Weg weiter. An der nächsten Teerstraße rechts und auf Singletrail zurück zum Ausgangspunkt.

3 VON BADENHAUSEN

ALLGEMEINES

Winterliche Dunstschwaden werden vom ersten Morgenlicht durchbrochen, der frische Pulverschnee verwandelt sich in ein Meer funkelnder Eiskristalle. Während eben noch der Atem fast zu gefrieren drohte, bringen die ersten Sonnenstrahlen dieses Februarmorgens ein wenig wohlige Wärme und machen Lust auf diesen Tag. Was für den einen das Skifahren oder Rodeln, ist für den anderen eine traumhafte Biketour durch die in Weiß gehüllte, stille Landschaft. Auch der Gedanke an verstopfte Straßen und überfüllte Skilifte gibt ein Gefühl der Unabhängigkeit, denn mit jeder Kurbelumdrehung arbeitet sich der Abdruck der Pneus knirschend ein wenig weiter in das unberührte Weiß, und langsam begreift man, daß Biken im Winter ein, wenn auch anstrengender, Genuß ist. Staubender Pulverschnee beim Kurvendrift und absolute Ruhe lassen schnell ungeahnte Hochgefühle aufkommen. Vielleicht denkt man auch an die anderen Jahreszeiten, denn Biken kann man eigentlich immer. Im Frühling lockt das erste Grün in die Natur, im Sommer laden die Harzer Teiche zum Baden ein, und im Herbst erlebt man prachtvolle Ausblicke, hinweg über goldgelb gefärbte Laubwälder. Und im Winter… siehe oben.

NS OBERE INNERSTETAL

STRECKENPROFIL

Gesamtstrecke: 31,6 Kilometer
Reine Fahrzeit: 1,58 h
Anstiege: 676 Höhenmeter
Schwierigkeit: Leicht bis mittel

Vom Naturfreundehaus am Ortsrand von Badenhausen fährt man auf anfangs asphaltierter Forststraße leicht ansteigend in Richtung Kaysereiche. Bis hierher steigt man etwa 400 Höhenmeter auf geschotterten breiten Forstwegen. Auf grasigen Hohlwegen geht es nun weiter bis zu einer tollen Bademöglichkeit: dem „Oberen Hahnebalzer Teich". Nachdem man die Staumauer überquert hat, wird der Weg nun ein kurzes Stück schmaler und etwas schwieriger. Bald fährt man auf breitem, geschottertem Weg hinab ins obere Innerstetal. Nun geht es wieder bergauf in Richtung Clausthal, teilweise bewegt man sich wieder auf schmalerem und vor allem bei Nässe auf schwierigerem Terrain. Der Höhenunterschied beträgt dabei 100 m. Bald folgt die interessante Abfahrt zur „Unteren Innerste", die ein Stück über einen leichten Singletrail führt. Allerdings kann dieser Weg bei Nässe seine Tücken haben. Anschließend folgt man der Innerstetalstraße, auch frei für öffentlichen Verkehr, über ein Pflaster, das seinesgleichen sucht. Wer sein Bike mit einer Federgabel ausgerüstet hat, wird spätestens hier erkennen, daß diese Investition mit Sicherheit lohnend war. Nachdem man einen kurzen Anstieg hinter sich gebracht hat, führt ein breiter Forstweg zum Taternplatz. Hier muß man aufpassen, um den schmalen Weg nach Bad Grund nicht zu verfehlen. Der anfangs etwas schwierige Weg wird zu einem wilden Downhill hinab zur Laubhütte. Anschließend geht es dann noch up and down über Feld-, Wald- und Wiesenwege zurück zum Ausgangspunkt: Waldparkplatz Badenhausen.

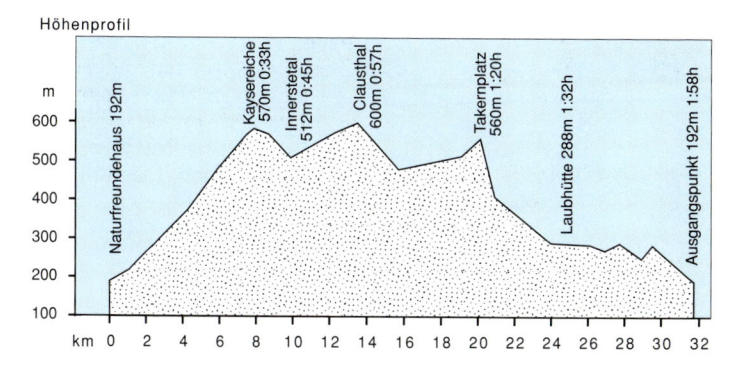

Höhenprofil

Punkt	Höhe	Zeit	km
Naturfreundehaus	192 m		0
Kaysereiche	570 m	0:33 h	
Innerstetal	512 m	0:45 h	
Clausthal	600 m	0:57 h	
Taternplatz	560 m	1:20 h	
Laubhütte	288 m	1:32 h	
Ausgangspunkt	192 m	1:58 h	32

3 VON BADENHAUSEN INS OB.

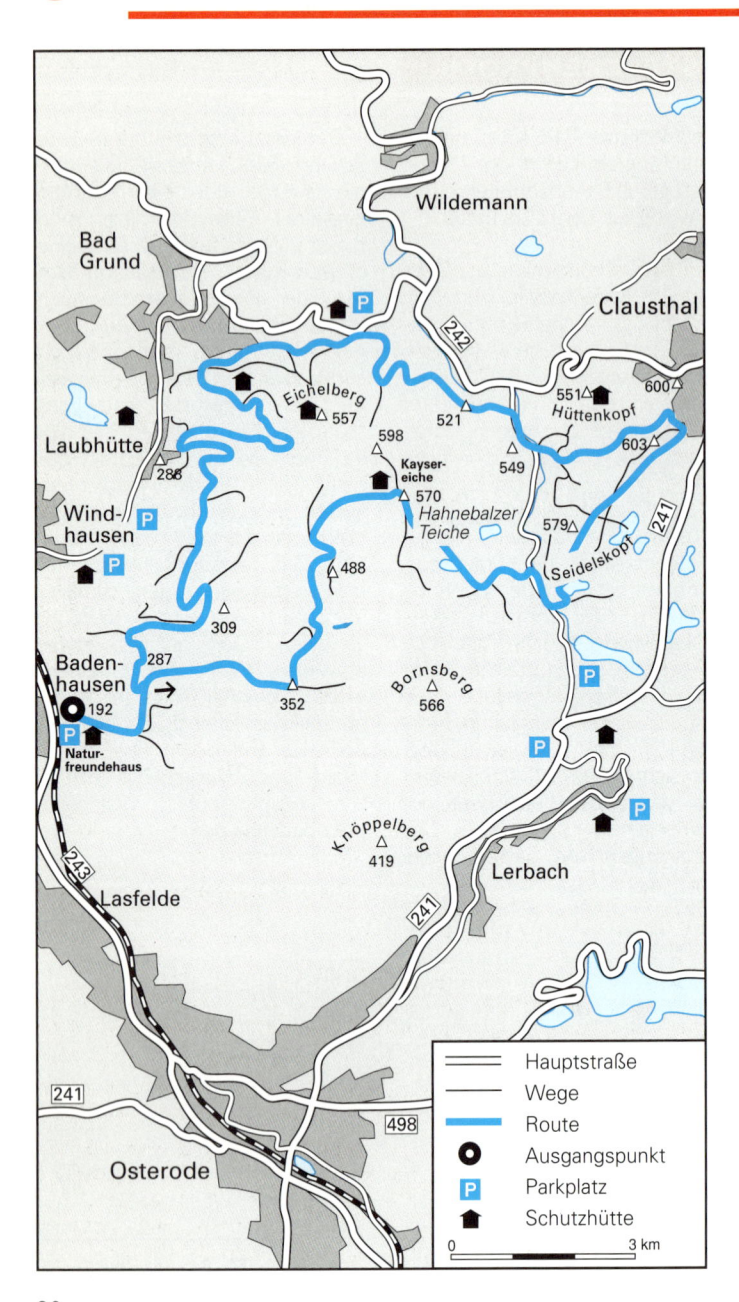

E INNERSTETAL

TOURCHECK

km 0,0 Aus Richtung Osterode kommend, biegt man in Badenhausen die erste Straße nach rechts in Richtung „Naturfreundehaus" ab. Man unterquert die Schnellstraße und parkt auf dem Waldparkplatz. Mit dem Bike geht es geradeaus weiter.

1,0 Links ab, die Brücke überqueren und weiter auf der großen Uferbachstraße bergauf. Nach 700 m geradeaus weiter.

3,5 Kurz nach der Wildsperre biegt man links ab und setzt seinen Weg durch das Steintal fort. Ab hier folgt man der Wanderwegweisung „Kayereiche". Nach 800 m geht es geradeaus weiter.

5,7 Man erreicht die Wegegabelung „Jagdhausweg", hier hält man sich links und fährt nun immer geradeaus bis zum „Braunschweiger Eck" (km 6,1). Hier biegt man rechts ab.

7,4 An der „Kayereiche" mitsamt Köte als Schutzhütte biegt man rechts ab. Man fährt nun leicht ansteigend auf breitem Forstweg Richtung „Hahnebalzer Teich". Nach 400 m biegt man links in einen Grasweg ab. Auf diesem ca. 300 m bis zum Schotterweg, hier links und nach weiteren 200 m rechts ab. Man fährt auf einem Grasweg zum „Oberen Hahnebalzer Teich", überquert die Staumauer und biegt am nächsten Weg links in Richtung „Obere Innerste" ab.

9,8 Nun rechts halten und auf asphaltierter Innerstetalstraße bis Gasthaus „Obere Innerste", hier links und weiter auf dem Richterweg. Nach 700 m biegt man links ab und überquert die Staumauer des „Haderbacher Teiches". Nach kurzem Anstieg quert man einen breiteren Forstweg, hier weiter in Richtung „Clausthal".

13,4 Nachdem man durch den Wald, später an Oberharzer Bergwiesen entlang geradelt ist, erreicht man Clausthal. Hier hält man sich links und fährt nun in Richtung „Bad Grund". Wandermarkierung rotes Dreieck.

14,0 Geradeaus; km 14,5 geradeaus, weiter bergab.

14,7 Links, nach einem Singletrail erreicht man einen Forstweg, rechts, km 15,2 links bergab auf schmalem Weg.

15,6 Am Zechenhaus Untere Innerste (bewirtschaftet) biegt man rechts ab und fährt auf öffentlichem Fahrweg 900 m weiter, kurz vor der B 242 biegt man links in den „Kreuzbachweg" ab und folgt diesem.

19,9 Man erreicht den „Tatemplatz", weiter auf Singletrail, anfangs parallel zur Straße, in Richtung „Bad Grund".

20,6 Rechts steil bergab, am ehemaligen Schacht Wiemannsbucht auf geteerter Straße etwa 1000 m weiter, dann links abbiegen und weiter auf dem „Horizontalweg".

22,1 Am „Schönhofsblick" links in Richtung „Laubhütte".

23,6 Rechts weiter bergab, nach 300 m scharf links und wieder bergauf. Nach 100 m rechts ab.

26,0 Nun links abbiegen und der Wanderwegweisung „Badenhausen" folgen. Nach 700 m die Wegekreuzung geradeaus überqueren.

27,8 Am Bach scharf rechts auf ungeschottertem Waldweg weiter.

28,8 Scharf links ab, nach 400 m sowie nach weiteren 200 m jeweils geradeaus. Km 29,7 scharf links, nach 200 m wieder rechts und zurück zum „Wanderparkplatz Badenhausen".

4 OSTERODER SCHNU

ALLGEMEINES

Eingebettet inmitten grüner Hänge und über 600 m hoher Berge liegt langgestreckt das Bergdorf Lerbach, ein Stadtteil Osterodes, der sich seit einigen Jahren Luftkurort nennen darf. Sollte man auf dieser Tour ins Keuchen kommen, dann kann man die gesunde Luft also getrost tief einatmen, wenn man über die Höhen ringsherum fährt. Die alten Geschichten über den sagenumwobenen Ort berichten von allerlei Zwergen und anderen Fabelgestalten. Auch Frau Holle, die aus den Grimmschen Märchen ja bestens bekannt ist, soll hier gelebt haben. Außerdem bewegt man sich hier, wie so oft im Harz, auf den Spuren des alten Harzer Bergbaus. Aus dem zähen Diasbas brachen Bergleute Eisenerz, um es den Hütten im Tal zu liefern. Stollenmundlöcher und reichlich Hinweistafeln entlang dieser Tour erinnern an längst aufgelassene (stillgelegte) Gruben. Außerdem kann es hier häufiger passieren, daß einem Gruppen von buntgekleideten Bikern begegnen. Eigentlich ganz logisch, wenn man weiß, daß dieses eine der Trainingstouren der 1. MTB-Schule „Team Harzer Roller" ist. Die Guides des Harz-Hotels zur Tanne haben diese Runde als sogenannte Schnuppertour in ihrem Programm. Also eine erlebnisreiche Tour, die auch durch die landschaftlichen Reize zur Traumtour avanciert.

PERTOUR

STRECKENPROFIL

Gesamtstrecke: 17,8 km
Reine Fahrzeit: 0,57 h
Anstiege: 360 Höhenmeter
Schwierigkeit: Überwiegend leicht

Von der Bleichestelle in Osterode geht es erst einmal auf Asphalt aus dem Ort heraus. Hierbei ist eine Höhendifferenz von 70 m zu überwinden. Ab den Freiheiter Höhen fährt man dann vorwiegend auf geschottertem Forstweg, erst kurz bergab, dann bergauf in Richtung TV-Umsetzer Lerbach. Nachdem man die schlecht einsehbare Schnellstraße überquert hat, folgt bald der Sommerbergweg. Hierbei handelt es sich um einen schmaleren Weg, der vorbei an alten Stollen oberhalb des Dorfes Lerbach über die Höhen führt und gelegentlich technisches Können verlangt. Besonders der Singletrail nach Lerbach-Ortsende verlangt etwas Geschick. Bei schmalen Wegen gilt auch hier: Falls sich Fußgänger auf dem Weg befinden (was übrigens seltener vorkommt), dann haben diese natürlich Vorrang. Dieses Verhalten, das übrigens alle akkuraten Biker einhalten, führte bisher zu einer Top-Beziehung zwischen Bikern und Wanderern, und das soll auch so bleiben. Nachdem man den schmalen Pfad verlassen hat, fährt man ein Stück alte Bundesstraße talwärts, bevor man in Richtung Lerbach-Skihang abbiegt. Nun kurbelt man wieder bergauf. Etwa 80 Höhenmeter sind es bis zur Bergstation des Skilifts. Was danach folgt, ist Genuß pur. Auf Waldwegen, teilweise grob geschottert, geht nun ein rasanter Downhill über die „Rote Sohle" abwärts in Richtung Osterode. Noch ein paar tolle Ausblicke, und man ist schon wieder am Ausgangspunkt. Am Ende läßt sich zusammenfassend sagen, daß es sich hier um eine, wenn auch kurze, so doch sehr reizvolle Tour handelt, die man eben mal so am Abend oder zwischendurch fahren kann.

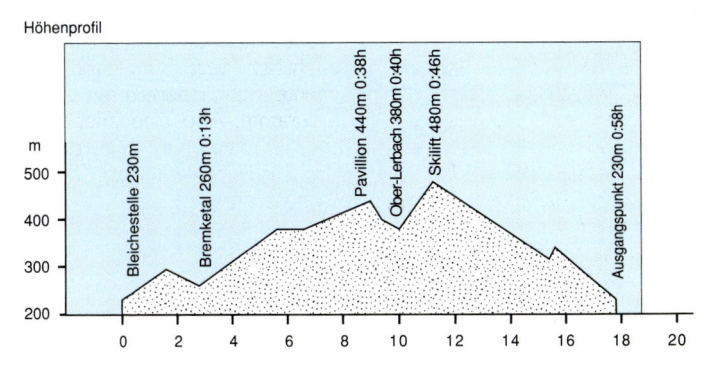

Höhenprofil

4 OSTERODER SCHNUPPERTOU

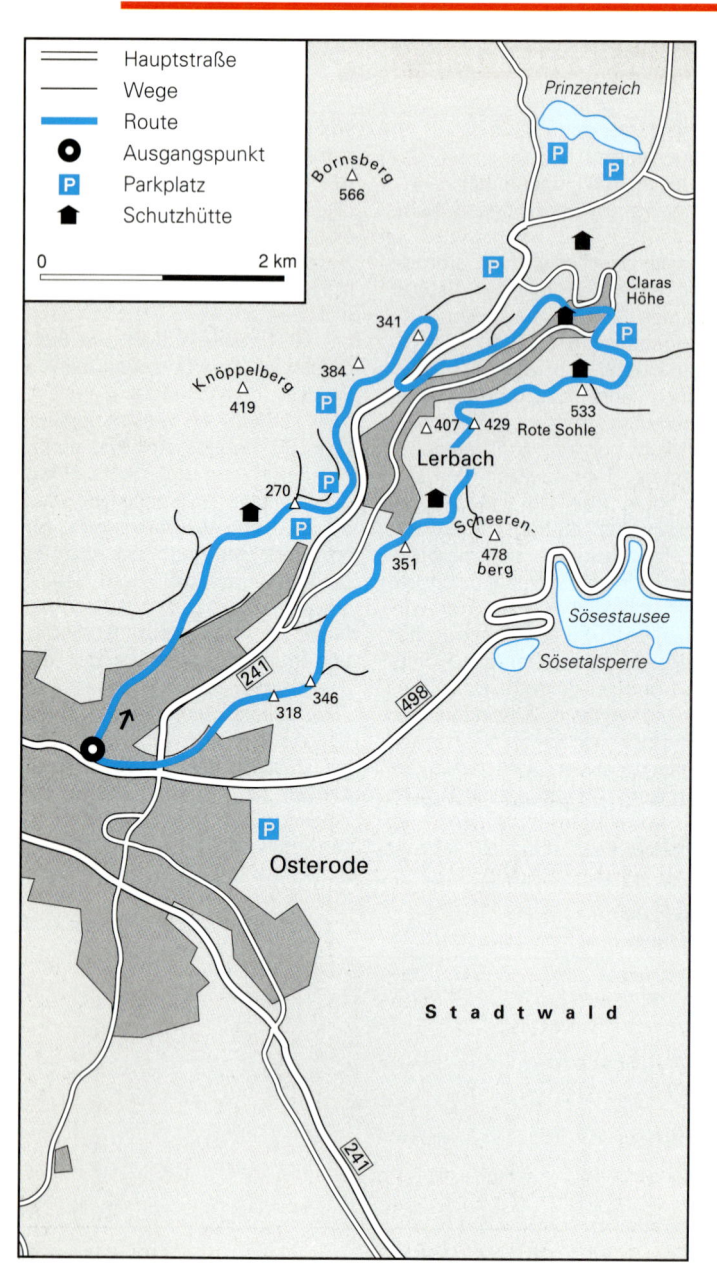

═══	Hauptstraße
───	Wege
━━━	Route
◎	Ausgangspunkt
🅿	Parkplatz
⬟	Schutzhütte

0   2 km

Prinzenteich

Bornsberg △ 566

Claras Höhe

341 △

Knöppelberg △ 419

384 △

△ 407 △ 429 Rote Sohle

533

Lerbach

270

Scheeren- △ 478 berg

△ 351

Sösestausee

Sösetalsperre

241

△ 346
318 △

498

Osterode

Stadtwald

241

TOURCHECK

km 0,0 Ausgangspunkt ist der Großparkplatz Bleichestelle in Osterode. Nun fährt man auf der Scheerenberger Straße ein Stück in westliche Richtung und biegt dann rechts in Richtung „Freiheit" ab. Ein Stück weiter biegt man links ab und folgt nun der „Alten Harzstraße" bergauf.

1,5 Am Sportplatz Freiheiter Höhen hält man sich nun halb links und fährt oberhalb vom Hundesportplatz hinunter ins Bremketal.

2,7 Man erreicht das Tal, hier biegt man rechts ab und fährt erst mal ein kurzes Stück auf Teer talaufwärts, praktisch immer am Bach entlang.

3,5 Nun biegt man nach rechts ins kleine Bremketal ab (der untere Weg) und fährt weiter bergauf.

5,7 Am Tümpel biegt man nun scharf rechts ab und folgt der Wanderwegweisung in Richtung „Lerbach-Mitte".

6,5 Man überquert (Vorsicht!) die sehr schlecht einsehbare Schnellstraße und hält sich dann links. Es geht erst auf Pflaster, dann auf Schotter weiter auf dem Sommerbergweg.

6,8 Auf dem größeren Platz dem breiteren Weg nach rechts folgen.

7,1 Jetzt rechts und sofort links. Man fährt auf dem jetzt schmaleren Sommerbergweg weiter.

7,7 Auf dem oberen Weg bleiben.

8,1 Geradeaus weiter.

8,6 Auf dem Hauptweg bleiben.

8,9 Jetzt heißt es aufpassen! Kurz vor dem Pavillon zweigt, kaum sichtbar, rechts ein sehr schmaler Trail ab, der in der Folge auch etwas verblockt ist.

9,3 Jetzt biegt man links ab und fährt auf einem Waldweg bis zur kaum befahrenen alten Bundesstraße, hier rechts und auf ihr bergab nach Lerbach-Ortsende.

10,0 Am Ortsrand biegt man links ab und fährt nun bergauf.

10,3 Am Sportplatz jetzt rechts bergauf, wieder auf geschottertem Forstweg. Dieser Weg heißt Hegemaxweg und führt am Skihang bergauf.

11,2 An der Bergstation des Skilifts fährt man geradeaus an einer Schutzhütte entlang, nun auf der „Roten Sohle" talabwärts.

11,8 Geradeaus.

13,2 Auch hier geradeaus, weiter bergab.

13,4 Nochmals geradeaus.

14,4 Jetzt praktisch geradeaus und an der Wegeschranke vorbei, immer noch bergab.

15,3 Jetzt links halten und ein kurzes Steilstück bergauf, nach 200 m geradeaus.

15,9 An der großen Wegekreuzung hält man sich nun rechts und fährt auf Schotterweg weiter bergab in Richtung „Osterode". Nun geht es immer geradeaus, am Haus etwas links und dann bergab. Zuletzt fährt man auf Teer den Hund'scher Weg bergab bis zum Ausgangspunkt.

5 POWERTOUR ZUM

ALLGEMEINES

Der Acker, das ist keine Gegend, wo Kartoffeln wachsen, sondern vielmehr ein markanter Höhenzug im Harz, der bis auf 865 m ansteigt. Damit überragt er die Oberharzer Hochfläche um ca. 300 m und das Harzvorland um fast 700 m. Er ist somit jedem Wetter, das aus westlichen Richtungen herangeführt wird, ausgesetzt. Diese Gebirgsstaulage führt zu erhöhten Niederschlagsmengen. Das bedeutet, daß während einer Schlechtwetterperiode erheblich mehr Niederschlag fällt als anderswo. Die Anzahl der Sonnentage ist übrigens trotzdem nicht geringer als im sonstigen Norddeutschland, da ein Tiefdruckgebiet hier nur intensiver wirkt, aber nicht länger. Im übrigen bringen Herbst und Winter, wenn im Tal der Nebel liegt, dem Hochharz oftmals reichlich Sonnentage. Außerdem sorgt die exponierte Klimasituation dafür, daß im Harz Wintersportmöglichkeiten bestehen, die andere Mittelgebirge kaum zu bieten haben. Vor allem die schier endlos scheinenden Skilangloufloipen bieten besonders im nordischen Skisport ungeahnte Möglichkeiten. Außerdem kann man im Harz, wenn auch nur begrenzt, auch Ski alpin ausprobieren oder das vor allem in Bikerkreisen beliebte Snowboarden erlernen. Und gibt es wirklich mal zu wenig Schnee, dann bleibt uns immer noch das Biken.

STRECKENPROFIL

Gesamtstrecke: 36,9 km
Reine Fahrzeit: 2,54 h
Anstiege: 1060 Höhenmeter
Schwierigkeit: Sehr schwer

Hier ist sie also, die Tour für Cracks und Könner und solche, die es werden wollen. Das echte Highlight in Osterode setzt aber reichlich Ausdauer und Kondition voraus. Wer sich nicht ganz sicher ist, der geht die ganze Sache am besten recht ruhig an. Genauso beginnt auch diese Tour, es geht vornehmlich auf Forst- und Waldwegen erst einmal etwas up and down. Danach folgt der schweißtreibende Anstieg zur Hanskühnenburg. War die „Rote Hölle" nur steil und führte sie über einen breiten Forstweg, so entpuppt sich der Fastweg als schwerster Singletrail. Man wird wohl nicht umhinkommen und streckenweise das Bike schieben oder tragen müssen. Hat man die Hanskühnenburg dann erreicht, so bietet sich eine gute Möglichkeit zu rasten. Biker sind hier gern gesehen. Die anschließende Abfahrt ins Sösetal ist nur anfangs schwierig, danach folgt ein Highspeed-Downhill. Man muß aber höllisch auf Fußgänger, Wanderer und auf forstwirtschaftliche Fahrzeuge aufpassen. Wer glaubt, das war's, der irrt. Es geht wieder bergauf, man könnte sagen so à la „Rote Hölle". Zwar ist der „Große Limpig" nicht ganz so steil, dafür ist er aber etwas länger. Ab dem Zimmermannsplatz fährt man dann ein Stück auf Schotterweg über die Höhe. Anschließend folgt die Abfahrt ins Lerbachtal: der Bodestieg. Schmal, kurvig und mit freiliegenden Wurzeln garniert, präsentiert sich dieser Singletrail als echte Herausforderung. Wer sich unsicher fühlt, sollte vernünftigerweise lieber teilweise absteigen. Danach folgt der letzte nennenswerte Anstieg, bevor es über die „Rote Sohle" auf grobschottrigem Weg zurück nach Osterode geht.

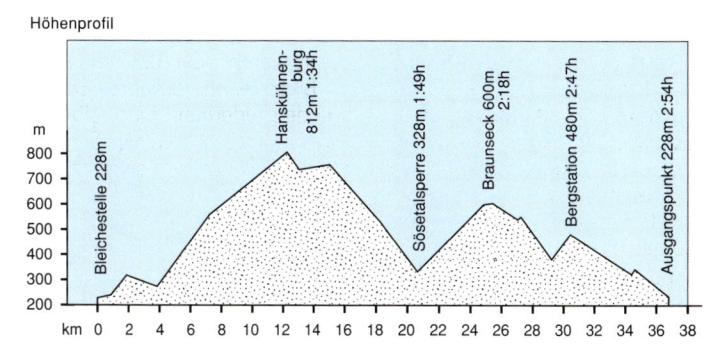

Höhenprofil

5 POWERTOUR ZUM ACKER

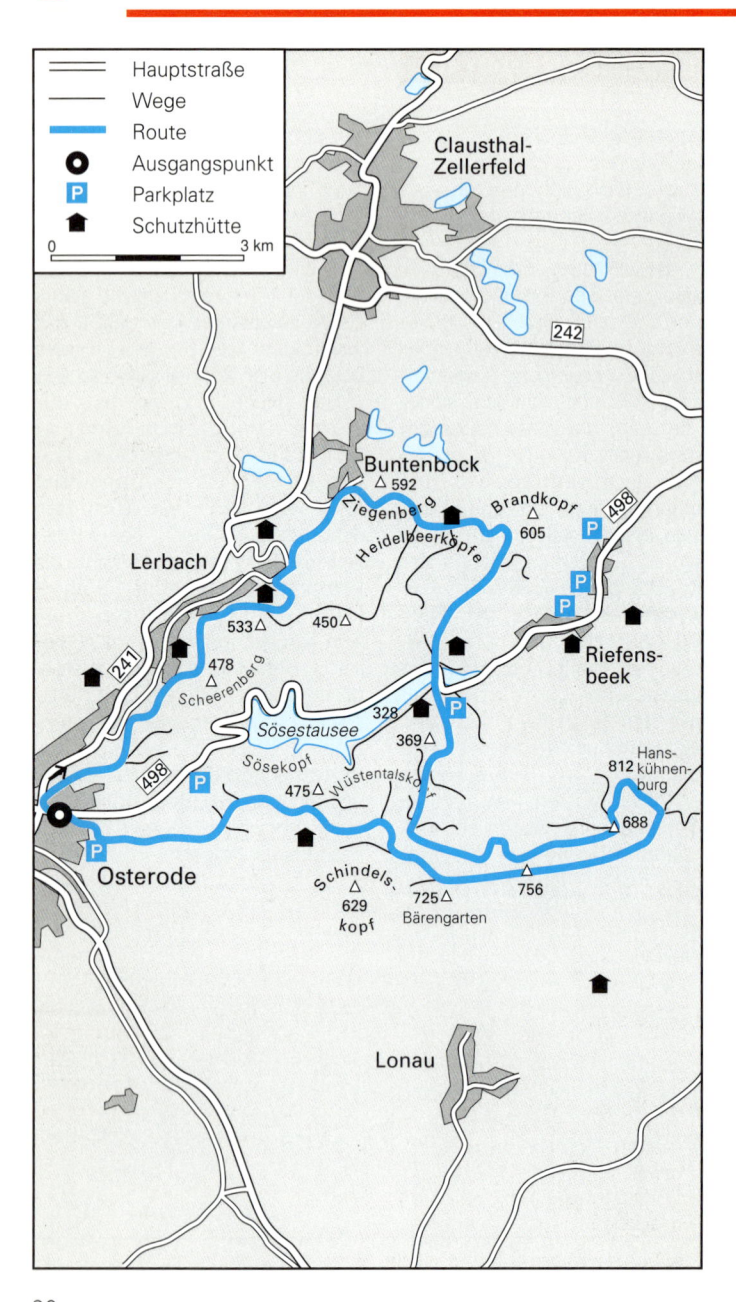

═══	Hauptstraße
───	Wege
━━━	Route
◎	Ausgangspunkt
🅿	Parkplatz
⌂	Schutzhütte

0 — 3 km

Clausthal-Zellerfeld

242

Buntenbock △ 592

Ziegenberg

Brandkopf △ 605

498

Lerbach

Heidelbeerköpfe

Riefensbeek

533 △

450 △

241

478 △

Scheerenberg

328

Sösestausee

Sösekopf

369

Hanskühnenburg 812

498

475 △ Wüstentalsk.

688

Osterode

Schindelskopf △ 629

725 △ Bärengarten

756

Lonau

28

TOURCHECK

km 0,0 Vom Parkplatz Bleichestelle an der Kreuzung B 243 / B 498 fährt man ein Stück auf der B 498 in Richtung Altenau aus Osterode hinaus. Nach 700 m, kurz nachdem man einen Radweg erreicht hat, biegt man rechts ab. Es geht weiter auf einem Waldweg, man überquert zwei Brücken, dann geht es bergauf.

1,1 Man überquert einen Forstweg, dann hält man sich rechts und fährt auf breiterem Forstweg bergan, jetzt erst einmal geradeaus an einer Bank vorbei, durch ein Wildgatter, dann bergab über eine Wegkreuzung, geradeaus weiter auf holprigem Weg.

3,7 Links abbiegen und auf geteertem Forstweg bergauf.

5,1 Rechts ab und auf Schotter bergauf durch die „Rote Hölle".

6,8 Rechts weiter in Richtung „Hanskühnenburg".

7,1 Geradeaus, es beginnt der „Fastweg", ein Singletrail.

8,4 Links weiter über die Höhe.

12,1 An der Hanskühnenburg hält man sich links bergab zum „Grünen Platz".

13,0 Dort dann links in Richtung „Sösetalsperre".

14,0 Geradeaus weiter, wieder bergauf.

18,2 Nun fährt man auf Teer talabwärts bis zum Stausee.

20,6 Etwas rechts halten, weiter bis zur Straße, hier geradeaus bis zum Ende der Staumauer, dann rechts über einen Parkplatz weiter.

21,3 In einer Rechtskurve biegt man auf den zweiten Weg links ab und radelt bergauf.

23,3 Etwas links, praktisch geradeaus weiter.

23,7 Am Zimmermannsplatz hält man sich links.

24,8 Am alten Bahnhof (Braunseck) geradeaus weiter.

26,3 Geradeaus, nach 500 m links weiter in Richtung „Feriotel".

27,0 Am Feriotel erreicht man eine Teerstraße, nach 20 m links ab, weiter auf schmalerem Grasweg. Nach 200 m geradeaus weiter.

27,5 Weiter auf breiterem Weg bergab, nach 300 m links weiter auf breitem Schotterweg.

28,6 Achtung: rechts abbiegen und auf dem Bodestieg bergab nach Lerbach.

29,1 Links abbiegen und auf Teer ein kurzes Stück bergauf. Ein paar Meter hinter der Talstation des Skilifts biegt man rechts ab und fährt bergauf bis zur Bergstation des Lifts.

30,3 Hier geradeaus weiter auf der „Roten Sohle", jetzt bergab in Richtung „Osterode". Man fährt immer geradeaus auf dem Hauptweg.

34,4 Links halten und ein kurzes Stück steil bergauf. An der nächsten Wegkreuzung hält man sich rechts und fährt weiter bergab. Am ersten Haus links weiter, dann auf Schotter, später auf Teer bergab zurück zum Ausgangspunkt.

6 SÖSETAL-RUNDTOUR

ALLGEMEINES

„Puparsch", sorry, aber so wurde früher eine Braunbierspezialität gennant, die gleich in zwei Brauereien in Osterode hergestellt wurde. Man brachte dann das auf Pilsener Art hergestellte Gebräu mit Pferdegespannen über die Lande. So hatte so mancher die zweifelhafte Möglichkeit, sich zu „berauschen". Allerdings endete die Zeit des Mälzens und des Brauens schon 1917. Krieg und Hungersnot ließen wohl keinen Spielraum für die Herstellung, außerdem waren ja die meisten Männer an die Front befohlen, und so fehlten natürlich die Abnehmer. Daß ausgerechnet in Osterode das Bier für die Region gebraut wurde, hängt mit der ausgezeichneten Wasserqualität im Sösetal zusammen. Folgerichtig baute man hier eine Trinkwassertalsperre, die in Norddeutschland eine große Bedeutung hat. Bis nach Bremen liefern die Harzwasserwerke das begehrte kühle Naß, und auch heute noch stellen bekannte Brauereien in Braunschweig und Bremen ihr Bier mit Sösewasser her. Eigentlich ist das eine kleine Ehre, wenn man bedenkt, daß in einer kleinen grünen Flasche das Wasser aus dem Harz um die ganze Welt geht und Menschen „beglückt". Bleibt nur noch zu sagen, daß beim Biken das Wasser auch unveredelt schmeckt. Back to the roots.

STRECKENPROFIL

Gesamtstrecke: 45,5 km
Reine Fahrzeit: 2,42 h
Anstiege: 1020 Höhenmeter
Schwierigkeit: Technisch mittel, konditionell schwer

Es beginnt, wie eigentlich alle Touren in Osterode, auf der Bleichestelle. Nach anfänglich gemütlichem Radeln auf Schotter- und Waldwegen folgt der erste Anstieg. Die anschließende Abfahrt führt teilweise über einen schmaleren Weg, der bei Nässe etwas rutschig sein kann. Der Weg von der Talsperre bis Riefensbeek ist bei Spaziergängern beliebt; Rücksichtnahme ist da wohl selbstverständlich. Nachdem man die Landstraße verlassen hat, geht es auf geteertem Waldweg bergan durch das Sösetal. Am Talschluß wartet dann der Cavannaweg, hier geht es recht heftig bergauf. Oben angelangt, radelt man dann recht gemütlich über den Ackerbruchbergzug. Der 600 m lange Anstieg zur Hanskühnenburg hat es dann wieder in sich. Auch der Anfang der anschließenden Abfahrt ist technisch ein, wenn auch kurzer, Leckerbissen. Nach Top-Downhill in die Schacht hinunter geht's dann wieder aufwärts, zum letzten Mal auf dieser Tour, manche Muskeln werden es danken. Nahe der Ackerquellhütte wartet dann ein 6 Kilometer langer Downhill hinunter nach Osterode, der zwar technisch nicht besonders anspruchsvoll ist, aber schnell. Da der „Nasse Weg" nicht nur von Bikern, sondern auch von Wanderern des Harzklubs geschätzt wird, sollte man besonders vorausschauend fahren. Angemerkt sei hier, daß die Damen und Herren dieses ungemein wichtigen Vereins im Harz keine Ressentiments gegen radelnde Zeitgenossen haben. Und daß das so bleiben soll und muß, ist doch klar, da sonst die Bikeszene ihr vermutlich streßfreiestes Revier in deutschen Mittelgebirgen verliert.

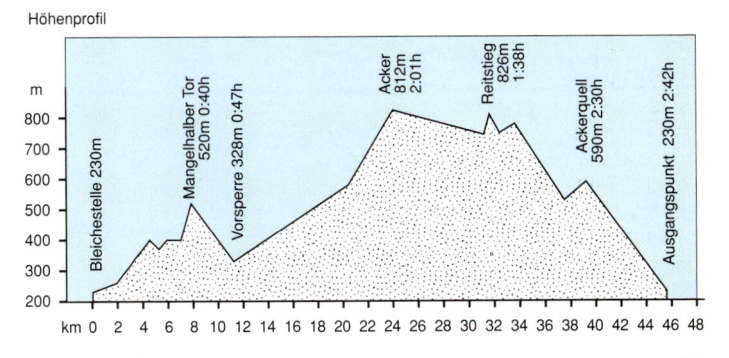

Höhenprofil

6 SÖSETAL-RUNDTOUR

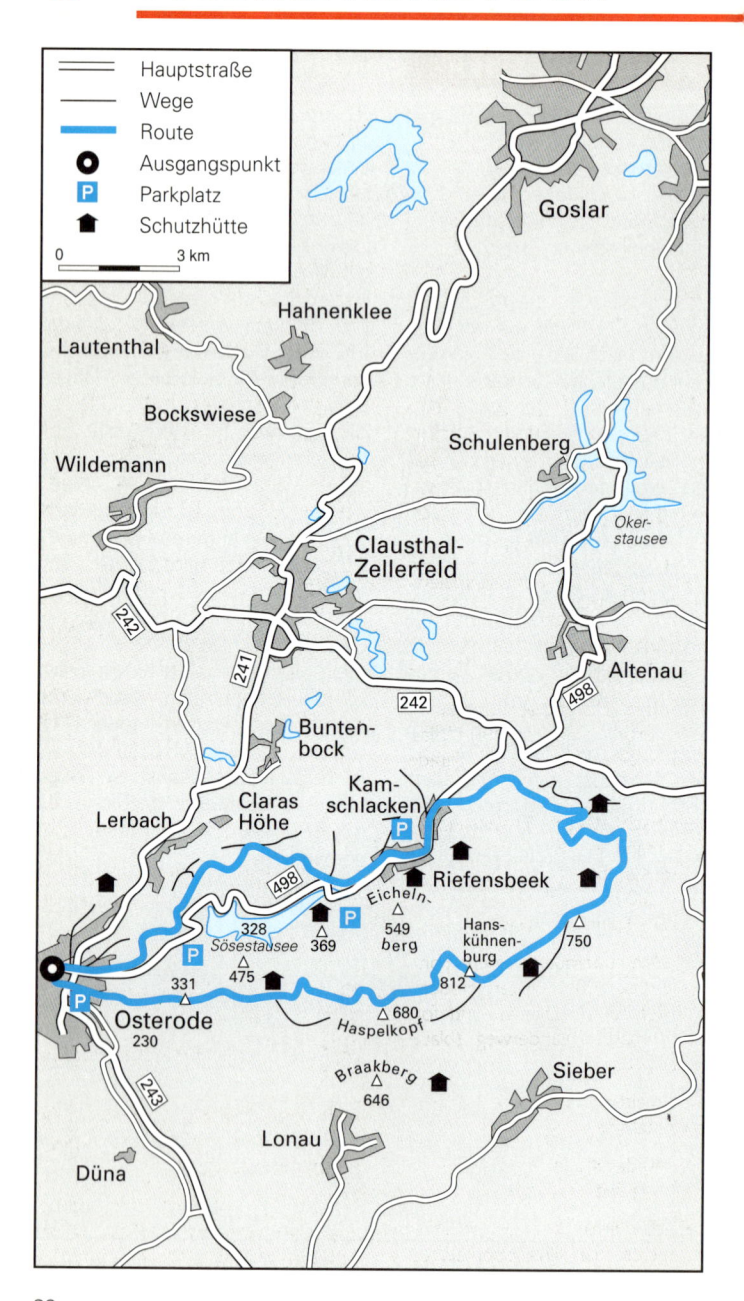

═══	Hauptstraße
───	Wege
━━━	Route
⊚	Ausgangspunkt
🅿	Parkplatz
⌂	Schutzhütte

0 3 km

TOURCHECK

km 0,0 In Herzberg biegt man von der B 243 in Richtung Sieber ab. Ausgangspunkt ist der Haupteingang der Papierfabrik. Dann rechts halten durch das parkähnliche Gelände in Richtung „Steile Wand". Am Tennisplatz rechts, die Knollenstraße queren und „An der Trift" bergauf. Nach 200 m Bahngleise queren und sofort links.

0,8 An der Wegkreuzung hält man sich etwas links, Wegweisung „Steile Wand" (blaues Dreieck) beachten.

1,7 An der Weggabelung links, den Bach überqueren (Brücke), nach 600 m wieder links abbiegen.

3,0 Hier kann man rechts abbiegen und für 400 m auf dem schmaleren Wanderweg „Steile Wand" kurbeln.

5,9 Am Invalidenweg rechts ab in Richtung „Jägerfleck".

6,3 Dort links und auf schmalerem Weg bergauf (Schutzhütte). Nach 800 m wieder links. Km 7,3 geradeaus.

8,0 Nach steilem Trialanstieg erreicht man den Knollengipfel. Man fährt am Gasthaus (montags Ruhetag) vorbei. 200 m rechts ab, es geht auf schmalem Trampelpfad steil bergab.

8,4 Man überquert einen Forstweg, fährt ca. 300 m weiter geradeaus und biegt dann rechts ab und folgt dem schmalen Wanderweg (blaues Rechteck).

9,1 Weiter geradeaus in Richtung „Hentschelköte".

11,1 An der Knollenkreuzköte links, in Richtung Bad Lauterberg.

12,4 Man erreicht einen Forstweg, hier rechts. Man fährt oberhalb der alten Kupferroser Schächte ins Heibeekstal (km 13,4). Hier rechts abbiegen, ein Stück auf Teer, dann geradeaus weiter auf Schotter.

13,8 Jetzt biegt man links ab („Himmelshöhe") und fährt auf schmalem Weg bergauf. Nach 600 m rechts ab.

15,0 Rechts halten und weiter bergauf. Nach 200 m im 90°-Winkel nach links abbiegen und auf schmalem, steilem Weg bergab in Richtung Barbis. Nach 100 m links halten.

15,8 Man erreicht die geteerte Forststraße im Andreasbachtal, rechts abbiegen (90°) und talaufwärts.

16,0 Linker Hand ist das Stollenmundloch einer ehemaligen Flußspatgrube.

16,6 Bei der Wildfütterung links halten.

17,2 Am Schweineplatz links, dann sofort wieder rechts.

18,7 Im Bremketal biegt man scharf rechts ab, überquert die Brücke, ab nun wieder bergauf (geradeaus).

19,7 Am „großen Stern" erst geradeaus, dann halb links bergab.

21,1 Im Eichelnsgraben hart links und bachabwärts fahren.

22,5 Erst rechts über den Bach, dann wieder links und dem Bachlauf weiter talabwärts folgen.

23,6 Ab jetzt auf geteertem Weg weiter geradeaus.

24,7 Man erreicht die alte Herzberger Straße, rechts abbiegen.

26,8 Am Juessee in Herzberg biegt man rechts ab und fährt nun weiter auf der Juesholzstraße.

27,9 Rechts abbiegen und weiter auf der Hindenburgstraße und zurück zum Ausgangspunkt.

11 PANORAMATOUR

ALLGEMEINES

Spätestens an der Hanskühnenburg wird der geneigte Wanderer, und neuerdings auch der Biker, über Geologie, Geographie und auch über Forstwirtschaft aufgeklärt. Eine Tafel an der östlichen Seite des Aussichtsturms gibt Auskunft über die Zusammenhänge von Gesteinen und Klima, die nur das Wachstum von Fichten in dieser kargen Landschaft zulassen. Doch das scheint nicht ganz zu stimmen, wie ein Blick ringsum beweist: Es ist kaum noch Wald zu sehen. Die Ursache: Gerade die Fichte kann in diesem Klima auf Dauer nicht heimisch werden. Viel zu große Baumkronen brechen unter der erheblichen winterlichen Schneelast, die flach verlaufenden Wurzeln können aus dem Boden zu wenig Nahrung aufnehmen. Die Hinweistafel ist somit überholt, und auch die Forstwirtschaft hat längst erkannt, daß man hier oben pfahlwurzelnde und widerstandsfähige Bäume pflanzen muß, was inzwischen in erheblichem Umfang geschieht. So ist man jedenfalls optimistisch, daß man in einigen Jahren doch wieder den Aussichtsturm der Hanskühnenburg besteigen muß, um eine tolle Rundumsicht zu haben. Im übrigen sei noch der Hinweis erlaubt, daß Biker hier gern gesehen sind, und sollte man von schlechtem Wetter überrascht werden, so kann man sich am fast immer brennenden Kamin der Baude bei einer Erbsensuppe o. ä. aufwärmen.

RUND UMS SIEBERTAL

STRECKENPROFIL

Gesamtstrecke: 56,6 km
Reine Fahrzeit: 3,13 h
Anstiege: 1025 Höhenmeter
Schwierigkeit: Leicht, teilweise mittel

Von Herzberg aus führt die Tour anfangs über einen sehr schmalen Weg, der allerdings gut befahrbar ist. Hier gilt, wie auf allen Wegen, das Gebot der Rücksichtnahme auf Fußgänger. Notfalls muß man auch mal absteigen. Ab dem „Paradies" geht es dann auf vorwiegend geschottertem Weg, ein kurzes Stück ist auch geteert, hinauf zur Hanskühnenburg. Der letzte Anstieg ist recht heftig, aber mit einer guten Krafteinteilung allemal zu meistern. Nachdem man sich in der Baude möglicherweise gestärkt hat, geht es auf breiten Forstwegen weiter. Es folgt ein Stück (ca. 2 km) Straße. Anschließend wird es auf der Wurzelstrecke zum Oderteich, die auch teilweise über Bohlen führt, kurzfristig schwierig. Der Teich, übrigens die älteste Talsperre im Harz, lädt dann bei entsprechenden Temperaturen zum Baden ein. Nachdem man die Landstraße überquert hat, geht es weiter auf dem Rehberger Grabenweg, der sich auch zum Radwandern eignet. Auch der St. Andreasberger Höhenweg stellt sicher niemanden vor Probleme. Etwas schwieriger wird es, vor allem bei Nässe, auf der „Aschenthalbe", wo man allerdings eine wunderschöne Aussicht hat. Eine alte Bank lädt zum Ausruhen ein. Abgesehen von einem kurzen schmalen Stück Weg zwischen Knollen und Jägerfleck folgt am Ende ein längerer Downhill auf geschottertem Forstweg hinab nach Herzberg. Alles in allem eine tolle Tour, die man als technisch einfach bezeichnen kann. Allerdings braucht man natürlich ausreichend Kondition und eine Portion Muskelschmalz, damit man die nahezu 57 Kilometer locker übersteht.

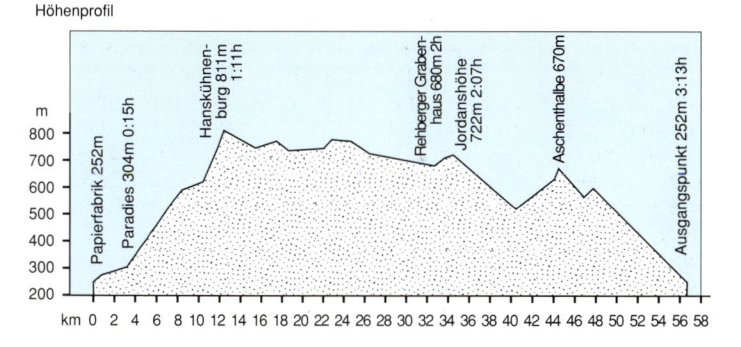

Höhenprofil

11 PANORAMATOUR RUND UM

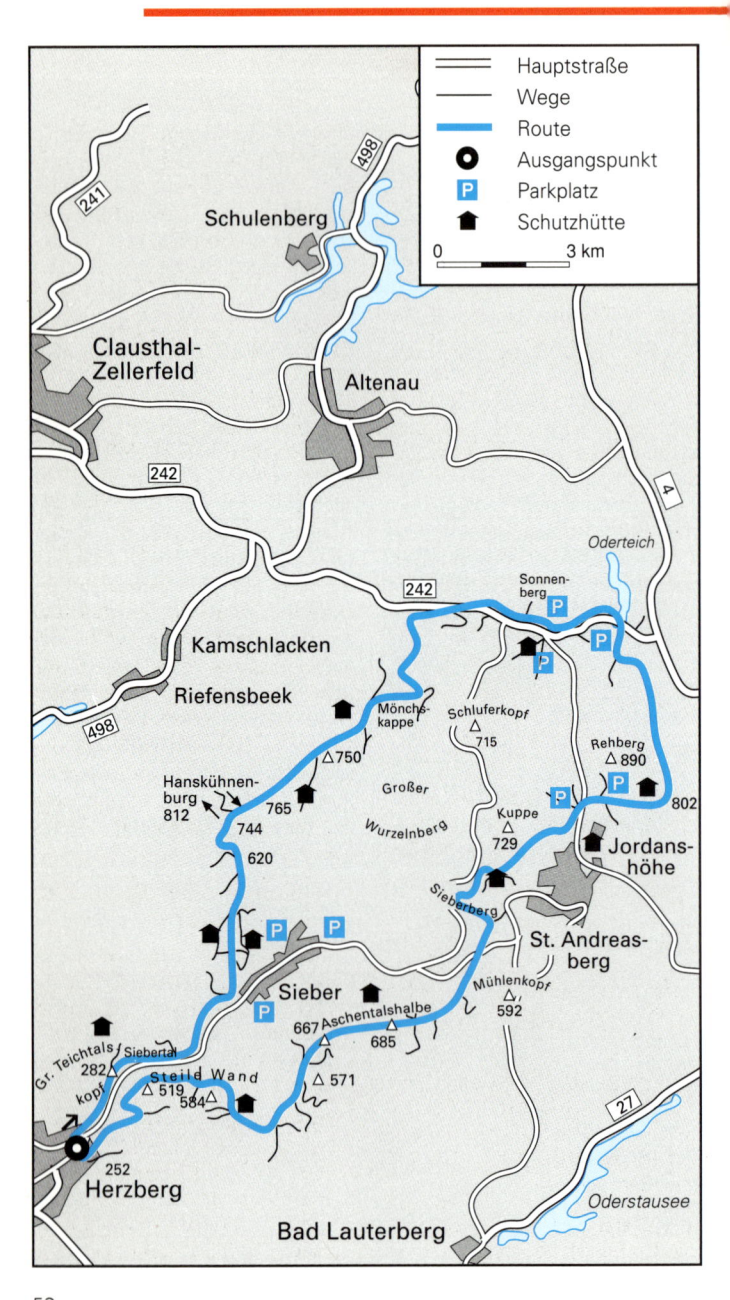

SIEBERTAL

TOURCHECK

km 0,0 In Herzberg biegt man von der B 243 in Richtung Sieber ab, bald fährt man an der Papierfabrik entlang und kann nahe dem Getränkehandel parken. Nun fährt man mit dem Bike noch ein Stück auf der Landstraße weiter in Richtung Sieber, überquert den gleichnamigen Fluß, hält sich dann links und durchquert ein Holztor (km 0,0). Ab hier fährt man nun weiter auf anfangs schmalem Wanderpfad. Nach 800 m und nach 1500 m quert man jeweils einen Forstweg, hier erst links und sofort rechts weiter auf schmalem Weg.

3,2 Am Gasthaus Paradies verläßt man nun den schmalen Weg, man hält sich links und fährt nun auf geschottertem Forstweg ansteigend. Bei km 5,8 geradeaus. Bei km 7,3 etwas links halten, nicht auf Forstlehrpfad oder markierten Wanderweg abbiegen. Km 7,9 geradeaus. Bei km 8,1 überquert man den Forstlehrpfad. Bei km 8,5 und 9,9 jeweils geradeaus.

10,4 Man erreicht die geteerte Kirchtalstraße, hier hält man sich rechts und fährt auf ihr weiter bergauf. Km 10,6 und km 10,8 jeweils geradeaus.

11,8 Man erreicht die Ackerstraße am sogenannten Teilungspfahl, diese überqueren und weiter bergauf zur Hanskühnenburg (bewirtschaftete Baude).

12,4 Nun geht es wieder bergab zurück zum Teilungspfahl, hier hält man sich links und fährt auf der Ackerstraße weiter. Km 15,4 und 16,9 jeweils geradeaus.

17,4 Jetzt geht es erst einmal ein Stück (rechts) bergab, bei km 18,6 muß man sich dann links halten und wieder bergauf fahren. Nach 300 m hält man sich etwas rechts.

22,0 Geradeaus, nach 700 m rechts und auf der Straße weiter.

24,6 Bei den Wirtshäusern am Sonnenberg links halten und weiter zum Oderteich, hier muß man die Straße überqueren, um dann auf dem Rehberger Grabenweg weiterzufahren.

32,5 Am Rehberger Grabenhaus fährt man immer geradeaus, nun auf Teer, bis zur Landstraße (km 33,7). Diese überqueren und auf dem gegenüberliegenden Parkplatz links dem Wanderweg zur „Jordanshöhe" folgen.

34,3 Man erreicht den Parkplatz auf der Jordanshöhe, hier rechts in Richtung Bergbauernhof, dort links weiter, nach 1,5 km rechts weiter zum „Treibholz". Hier 90° nach rechts abbiegen in Richtung „Sieberberg".

40,3 Straße überqueren, dann rechts in Richtung „Knollen". Km 40,6 rechts, km 41,5 geradeaus, km 42,8 nach rechts.

43,4 Rechts, nach 600 m links, bei km 44,2 rechts halten.

46,8 An der Köte fährt man geradeaus, wie auch bei km 47,6. Nach 800 m zweigt man rechts ab und folgt jetzt der Wegweisung „Herzberg – Steile Wand". Km 48,6 rechts, am Jägerfleck (km 49,4) auch rechts.

49,8 Geradeaus weiter bis km 54,5, hier scharf links. Nach 200 m hält man sich links, parallel den Gleisen, überquert diese bei km 56,1 und fährt über das Grundstück des Getränkehandels zurück zum Ausgangspunkt.

12 TRAUMHAFTE KNO

ALLGEMEINES

Montags ist hier der Tag der Biker, da ist die Baude (Gaststätte) auf dem Knollen geschlossen, und das sorgt dafür, daß nur wenige Wanderer unterwegs sind. Auf den zum Teil sehr schmalen Wegen kann das vorteilhaft sein. Nachteile hat es natürlich auch, denn sollten dem Biker seine mitgeführten Powerdrinks ausgehen, dann steht er buchstäblich auf dem Trockenen. Und außerdem kann man den Aussichtsturm, der eine tolle Fernsicht bietet, nicht besteigen. Der Knollen hat seinen Namen wohl auf Grund seiner Form, die fast an einen Vulkan erinnert. So ganz weit hergeholt ist das auch nicht, denn er besteht tatsächlich aus Porphyr. Dieses magmatische Gestein ist sehr zäh und daher von Wind, Wetter und Wasser nicht so leicht abzutragen wie andere Gesteine. So ist eine mächtige Formation erhalten geblieben. Schaut man über die Höhen ringsherum, dann entdeckt man in südwestlicher Richtung einen ähnlich aussehenden Berg – der übrigens aus dem gleichen Gestein besteht. Da er nicht ganz die Höhe seines „großen Bruders" erreicht, heißt er folgerichtig „Kleiner Knollen". Nachdem nun jeder weiß, auf welchem Untergrund er herumradelt, bleibt eigentlich nur noch eine tolle Tour zu wünschen. Landschaftlich und fahrtechnisch wird jedenfalls einiges geboten.

LENTOUR

STRECKENPROFIL

Gesamtstrecke: 23,6 km
Reine Fahrzeit: 1,54 h
Anstiege: 750 Höhenmeter
Schwierigkeit: Schwer

Kurz nach dem Start geht es schon knackig los, der Anstieg zum Bismarckturm verlangt Kondition und Konzentration. Dafür bekommt man auf der ersten Höhe eine tolle Aussicht geboten. Außerdem kann man in der Gaststätte seine Getränke nachfüllen. Das ist zwar schon recht früh, aber diese Tour ist schweißtreibend; man sollte sich von der recht kurzen Gesamtstrecke nicht täuschen lassen. Danach geht es auf Forstwegen weiter. Nach einigen Kilometern erreicht man die Aschenthalbe – wer einen schönen Blick über den Harz haben möchte, bitte sehr. Der Weg hier wird oft von schweren Forstfahrzeugen befahren, daher ist immer mit schwerem Grund und reichlich Schlamm zu rechnen. Der folgende Anstieg zum Knollen ist wieder sehr steil. Auf Schotter geht es bergan, hier braucht man reichlich Kraft. Der Knollen selbst, siehe oben, bietet wieder einmal eine atemberaubende Fernsicht. Die anschließende Abfahrt verlangt etwas fahrerisches Können, es geht auf einem steinigen Singletrail steil bergab. Auch die weitere Abfahrt nach Bad Lauterberg führt über schmale Traumpfade. Kurz vor Schluß kann man sich noch die alten Kupferroser Schächte ansehen, die mit einer Anhydrit-Trockenmauerung ausgebaut sind. Dann ist diese Tour auch schon wieder zu Ende. Wer sich von der reinen (!) Fahrzeit dazu animieren läßt, den Weg zu unterschätzen, der wird staunen, wieviel Power nötig ist, um hier flott voranzukommen. Auch darf man auf den schmalen Trails nicht unkonzentriert radeln, sonst ist sicherlich der ein oder andere Sturz nicht zu vermeiden. Viel Spaß bei dieser absoluten Traumtour.

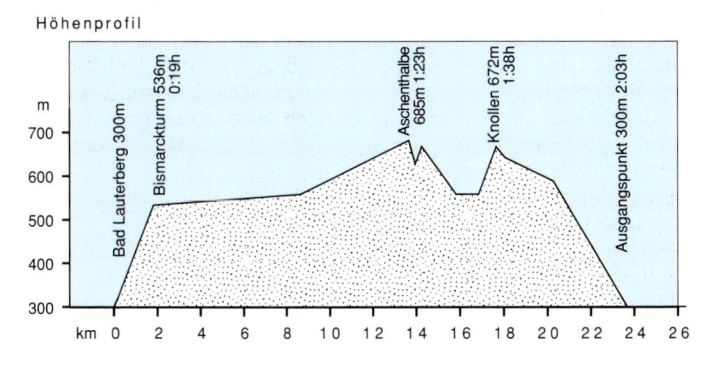

Höhenprofil

12 TRAUMHAFTE KNOLLENTO

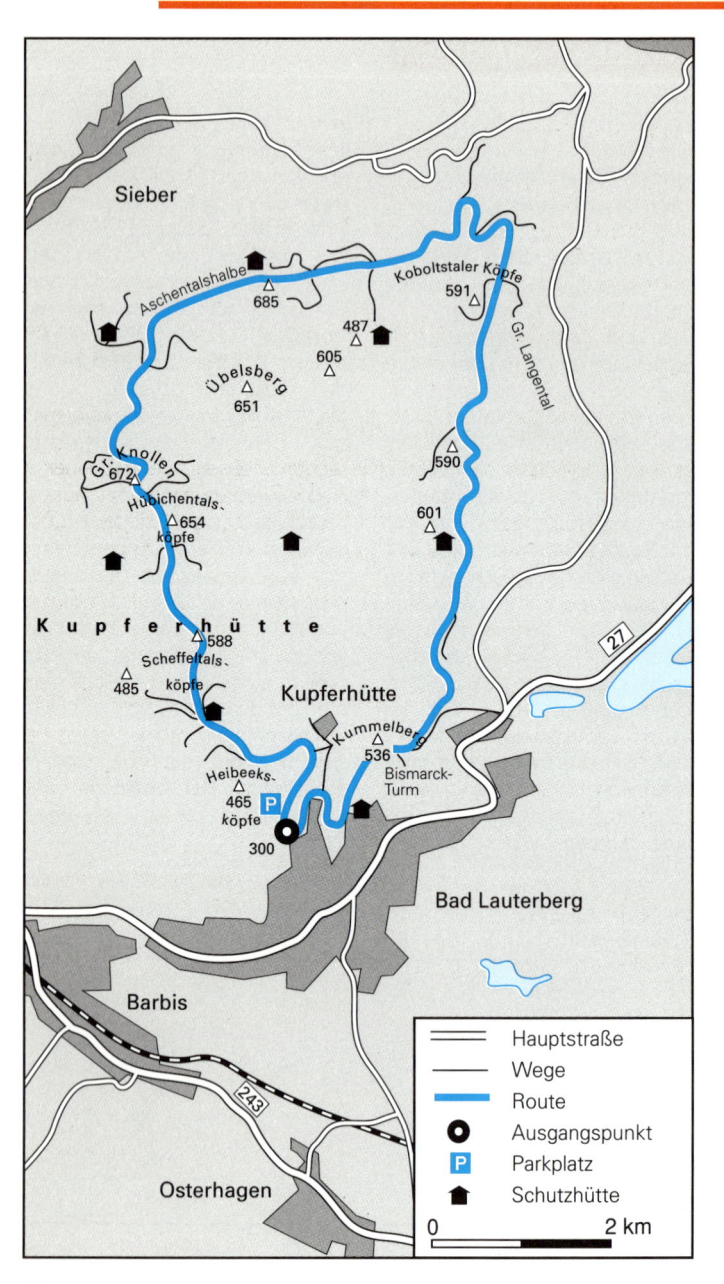

TOURCHECK

km 0,0 In Bad Lauterberg biegt man von der B 27 in Richtung Sportplatz (links) ab und parkt dann dort. Mit dem Bike hält man sich rechts und fährt auf dem „Kochschießenwech" (Straßenschild) bergauf in Richtung „Bismarckturm".

1,1 Nahe dem Naturfreundehaus biegt man links ab und fährt auf Schotterweg weiter bergauf.

1,9 Man erreicht den Aussichtsturm, zu dem auch eine Gaststätte gehört. Es geht nun geradeaus weiter und steil bergab.

2,0 Nun biegt man links ab, nach 300 m muß man sich dann rechts halten. Nun radelt man erst einmal ständig bergauf.

6,9 Hier rechts halten. Es geht weiter auf einem stark verwachsenen Weg.

8,7 Links abbiegen und auf Forstweg bergauf, 300 m weiter geradeaus.

10,4 Erst geradeaus, nach 500 m scharf links und weiter in Richtung „Knollen" (Wegemarkierung rotes Dreieck).

12,9 Nahe einer Schutzhütte biegt man auf den zweiten, recht schmalen Weg nach rechts ab. Nach 300 m erreicht man einen breiteren Weg, hier links, weiter bergauf. Dann erst einmal geradeaus über die Aschenthalbe.

15,8 Nach kurzer steiler Abfahrt erreicht man eine Wegkreuzung mitsamt Köte, hier geradeaus in Richtung „Knollen", dessen Aussichtsturm man von hier aus schon sehen kann.

16,3 Geradeaus, nach 400 m links, nun geht es sehr steil bergauf.

17,4 Rechts zum Gipfel, dann 200 m auf gleichem Weg retour und rechts ab, auf schmalem Trail bergab.

18,0 Geradeaus, man überquert einen Forstweg, nach 300 m rechts und weiter auf Singletrail.

18,7 Man überquert den nächsten Forstweg und fährt geradeaus weiter auf dem Singletrail in Richtung „Bad Lauterberg".

20,1 Achtung: hier rechts halten.

21,1 Man erreicht einen Schotterweg, hier links, dann geradeaus an einer Köte vorbei. Weiter bergab auf dem markierten Weg (blaues Rechteck).

21,8 Am Knollenkreuz, das ist ein größerer Platz mit Strommasten, links weiter bergab.

22,3 Geradeaus, nach 500 m erreicht man einen breiten Schotterweg, hier rechts.

23,1 An den alten Kupferroser Schächten scharf links und auf Singletrail am kleinen Bach entlang bergab.

23,3 Man erreicht die Augenquelle, hier etwas rechts, dann am Sportplatz entlang zurück zum Ausgangspunkt.

13 HARZBURGER H(

ALLGEMEINES

Um das Geschehen am nördlichen Harzrand zu kontrollieren und die Handelswege zu sichern, wurde von Heinrich IV. in der Zeit von 1065 bis 1069 die Harzburg erbaut. Sie steht nicht nur folgerichtig auf dem Burgberg, sondern gab dem im Tal liegenden Ort auch noch den Namen, der heute mit dem Zusatz „Bad" versehen ist. Hier können Beschwerden allerdings nicht nur gelindert werden, sondern auch neu entstehen, hat man doch die Möglichkeit, in der Spielbank sein Glück zu versuchen. Hinzu kommen Pferderennen mit entsprechenden Wettbüros. Also ein Ort, wo eigentlich „eine ganze Menge los" ist. Das bemerkt man natürlich auch beim Biken, die Anzahl der Spaziergänger ist hier für Harzer Verhältnisse recht hoch.

Hinzu kommt, daß man mit Linienbussen zu einigen exponierten Stellen im Wald gelangt. Über Sinn und Zweck dieses Services kann man natürlich geteilter Meinung sein. Besser wäre es vermutlich, wenn man den Harz komplett mit einem funktionierenden Nahverkehrsnetz ausstattete. So ließe sich möglicherweise unnötiger individueller Ausflugsverkehr vermeiden, der ökologisch ja nun wirklich nicht sinnvoll ist. Da ist es doch viel besser und gesünder für alle, wenn man mit dem „Drahtesel" Natur erlebt. Ach ja, und viel mehr Spaß macht es auch.

STRECKENPROFIL

Gesamtstrecke: 40,5 km
Reine Fahrzeit: 2,43 h
Anstiege: 824 Höhenmeter
Schwierigkeit: Mittel bis schwer

Die etwas langweilige Anfahrt durch das untere Eckertal wird recht bald interessant. Auf Schotterwegen fährt man an Felsenformationen bis zur kleinsten Harzer Talsperre, die zur Hälfte in Niedersachsen und in Sachsen-Anhalt liegt. Dort fängt es dann an „toll" zu werden. Der restliche Anstieg führt über teilweise schwierige Trialpfade bergan. Rund um das Torfhaus ist mit vielen Spaziergängern zu rechnen, daher ist es im Interesse aller Biker nötig, Rücksicht zu nehmen. Die Abfahrt nach Bad Harzburg führt nur anfangs über einen geschotterten breiten Forstweg. Danach fährt man etwas trialmäßig über Wurzeln und Steine auf dem Satzstieg bergab. Weiter geht es an der Radau entlang, erst auf Waldweg, dann ein Stück auf Teer, zuletzt wieder auf schmalem Weg bis zum Wasserfall. Hier wird der Weg wieder felsig. Am Ortsrand von Bad Harzburg radelt man dann bergauf zum Gasthaus Sennhütte. Was folgt, sind eigentlich nur noch Forstwege zurück ins Eckertal. Zwischendurch kann man noch das Gelände der oben erwähnten Burg besichtigen. Allerdings ist außer Ruinen hier nicht mehr viel übrig. Nochmals der Hinweis auf Fußgänger, logisch, daß am Wasserfall und auf dem Burggelände viel Betrieb ist. Hier vor allem auch deshalb, weil eine Seilbahn den Aufstieg für alle Altersschichten erleichtert. Bleibt nur zu hoffen, daß nicht irgendwelche Freizeitbiker auch eine Passage per Kabinenbahn buchen wollen. Aber diese werden eh nicht befördert. Es soll ja Orte geben, wo so etwas möglich ist. Gut, daß es das im Harz nicht gibt!

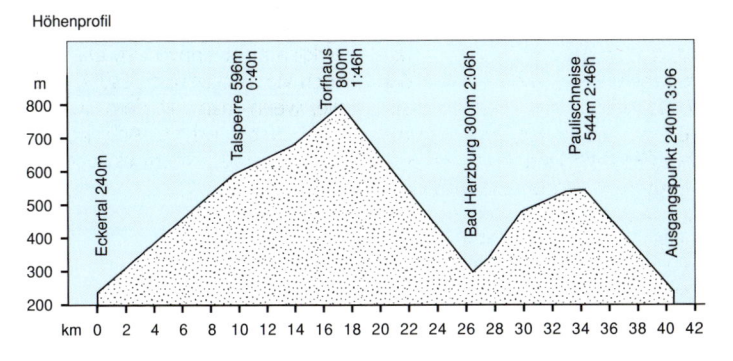

Höhenprofil

13   HARZBURGER HÖHEN

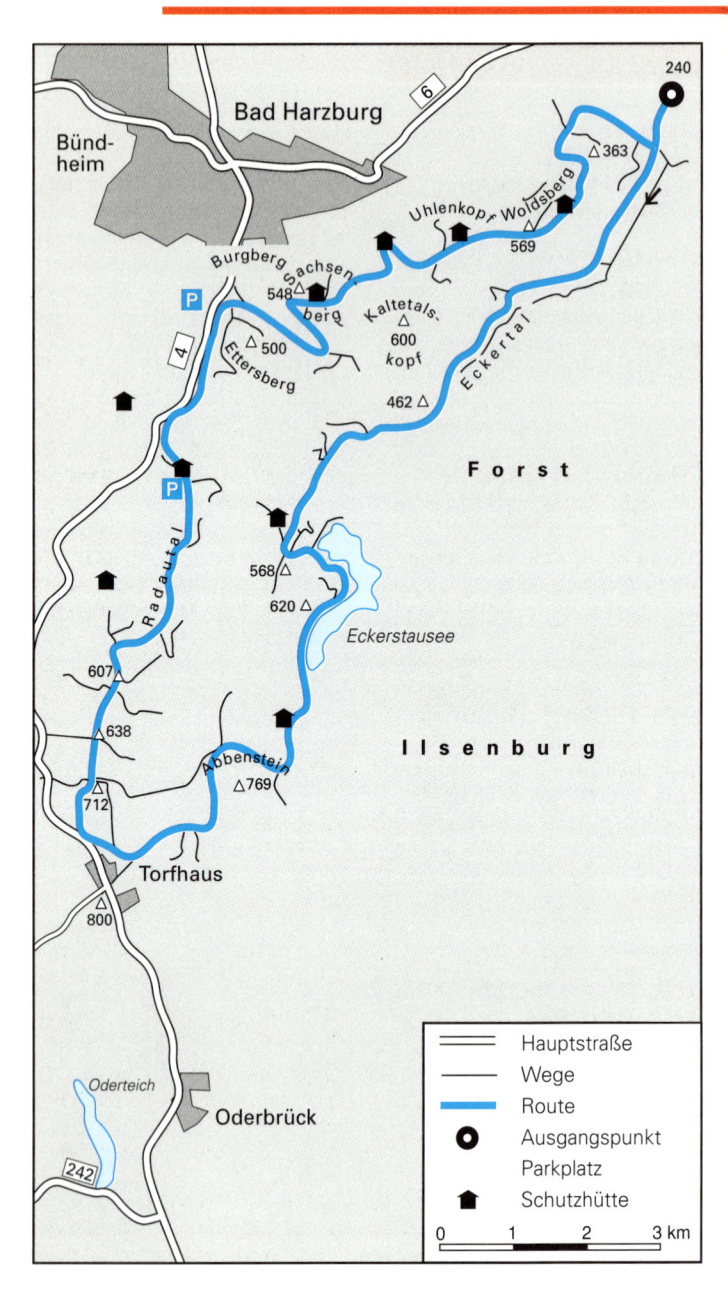

TOURCHECK

km 0,0 Von der B 6 ins Eckertal nach Süden abbiegen und zum Parkplatz. Weiter per Bike Richtung „Eckertalsperre".

2,6 Am Ende eines Betriebsgeländes rechts.

4,0 Der Weg gabelt sich, links.

9,0 An den Betriebsgebäuden der Harzwasserwerke rechts ab und rechts den Berg hinauf. Nach 200 m links halten. Weiter bis zur Talsperre.

9,6 An der geologischen Hinweistafel nahe dem Staudamm nun rechts und weiter in Richtung „Torfhaus".

11,1 Man erreicht einen breiteren Weg, auf diesem weiter.

13,3 Rechts halten, weiter in Richtung „Torfhaus".

13,7 An der Schutzhütte am Skidenkmal biegt man nun links ab, und weiter geht's auf dem Kaiserweg.

14,0 Jetzt rechts halten.

15,1 Am Abbestein biegt man nun links ab, weiter geht's auf dem Kaiserweg. Nach 400 m rechts halten.

16,4 An der Talstation des Skilifts fährt man rechts weiter und bergauf bis zum Parkplatz am Torfhaus.

17,2 Zunächst fährt man auf gleichem Weg zurück.

18,0 Wieder an der Talstation des Skilifts, biegt man nun hart links ab und fährt in Richtung „Bad Harzburg".

18,5 Jetzt scharf rechts und auf dem Satzstieg weiter bergab.

19,2 An der Weggabelung rechts halten, weiter auf Singletrail. Nach 200 m geradeaus über Forstweg.

19,8 Geradeaus auf Forstweg.

20,1 Rechts halten.

21,1 Nachdem man eine Brücke überquert hat, hält man sich links, und nun immer an der Radau entlang talabwärts.

22,0 Auf Teerstraße geradeaus.

23,5 300 m, nachdem man eine Wegeschranke passiert hat, biegt man rechts auf einen schmalen Weg ab und fährt an einer Schutzhütte vorbei. Nach kurzem Anstieg hält man sich links und fährt auf dem oberen Weg am Graben entlang.

24,4 Am Wasserfall geradeaus weiter auf steinigem Weg.

25,9 Etwas rechts und nach 200 m links Richtung „Märchenpark". Bald fährt man wieder oberhalb eines Grabens weiter in Richtung „Sennhütte".

27,4 Am Restaurant hält man sich rechts und schiebt (!) über dessen Terrasse. Auf oberem Weg weiter geradeaus.

28,4 Man überquert eine geteerte Forststraße und fährt jetzt weiter mit dem Ziel „Burgberg".

29,6 Große Wegkreuzung, hier quasi geradeaus, dann einmal um die Ruinen der Burg herum, wieder bis zu dieser Wegkreuzung, hier geradeaus und weiter in Richtung „Kreuz des deutschen Ostens" (Wegweisung).

32,9 Am Kreuz fährt man weiter Richtung „Wernigeröder Bank".

33,6 Man fährt nun in linke Richtung, leicht bergauf, die Paulischneise entlang, in Richtung „Kattnäse". Dann geht es auf dem Wanderweg 20E vorbei an der Wernigeröder Bank hinab zum Ilsenburger Stieg. Hier rechts und hinab ins Eckertal. Links ab und zurück zum Ausgangspunkt.

14 BRUCHBERG-HÖH

ALLGEMEINES

Lange bevor die industrielle Revolution begann, war der Harz eine bedeutende Wirtschaftsregion. Der Grund dafür lag in den reichen Erzvorkommen, die schon vor unserer Zeitrechnung ausgebeutet wurden. Vor allem dem Bleiglanz galt die Suche, da man aus diesem Mineral beigemengtes Silber ausschmelzen und für Münzen nutzen konnte. Um den immer intensiver betriebenen Bergbau mit Energie zu versorgen, bediente man sich mangels Alternativen der Wasserkraft. Da aber auch im Harz die Niederschlagsmengen recht unterschiedlich ausfallen, brauchte man Speichermöglichkeiten. Man legte über 100 Grubenteiche an, die teilweise Talsperrengröße erreichten. Um diese ständig mit Wasser zu versorgen, baute man kilometerlange Gräben, die das Wasser aus den Hochmoorgebieten in die Nähe der Stollen und Schächte brachten. Wenn es nötig war, leitete man das Wasser gar durch Stollen oder über Dämme. Bedenkt man einmal, daß alle diese Anlagen mit relativ primitiven Mitteln wie Schlegel, Eisen, Kiepen oder anderem Einfachgerät erbaut wurden und auch heute noch funktionieren, dann ist man schon fasziniert. Das ganze System zur Energiegewinnung aus Wasser nennt sich Oberharzer Wasserregal und steht heute unter Denkmalschutz. Für den Biker bleiben die tollen Trails an den Gräben entlang.

ASTRECKENPROFIL

Gesamtstrecke: 32,3 km
Reine Fahrzeit: 2,20 h
Anstiege: 658 Höhenmeter
Schwierigkeit: Schwer

Ab dem Dammhaus fährt man auf einem wunderschönen Weg immer am Morgenbrodtstaler Graben entlang in Richtung „Große Wehr". Wurzeln und Felsen machen den fast horizontal verlaufenden Trail aber zu einem Genuß. Hinzu kommen recht schöne Aussichten über das Sösetal hinweg. Anschließend folgt eine schnelle, aber simple Abfahrt auf Teer. Doch dann geht es los. Auf den folgenden 5,5 Kilometer sind 431 Höhenmeter zu bewältigen. Da dieser Anstieg über breite Schotterpisten führt, sind technische Schwierigkeiten nicht zu befürchten. Nachdem man am Windpark Harz die breite Bundesstraße überquert hat, folgt ein Sause-Downhill über geschotterte Forstwege hinab ins Okertal. Und dann geht's los. Ein kurzer, aber brutaler Anstieg führt an den Okersteinen entlang steil bergauf. Hier werden wohl die meisten Biker ihr Ritzelmuli schultern und bergan steigen müssen. Ist man dann erst einmal auf dem nächsten Schotterweg, dann hat man den Anstieg zur Wolfswarte schon fast geschafft. Von der Klippe hat man eine spektakuläre Fernsicht, die begeistert. Auch die Abfahrt wird wohl begeistern, verblockt und steinig, sieht der Weg fast wie ein Bachbett aus. Hier sind schon ordentliche Fahrkünste vonnöten. Wer glaubt, mit dem Überqueren der Bundesstraße hat sich's, der irrt. Weiter geht's auf schwierigem, verblocktem Trail. Die nächste Steigerung heißt dann Magdeburger Weg. Hoffentlich mutet niemand sich oder seinem Rad zuviel zu, denn ungeeignetes Material führt zwangsläufig zu Schäden. Der Rest des Weges führt dann am Dammgraben zurück zum Ausgangspunkt.

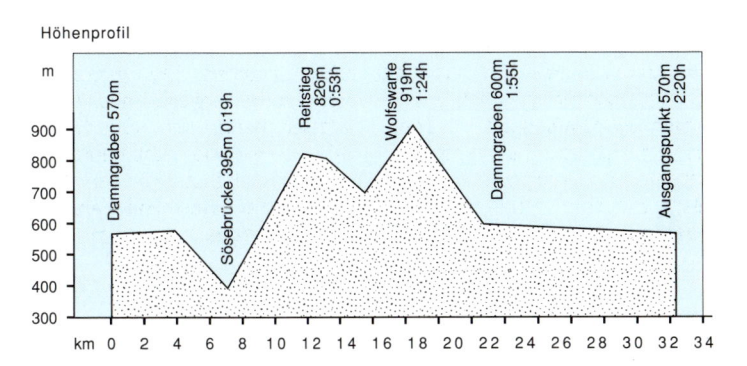

Höhenprofil

14 BRUCHBERG-HÖHENTOU

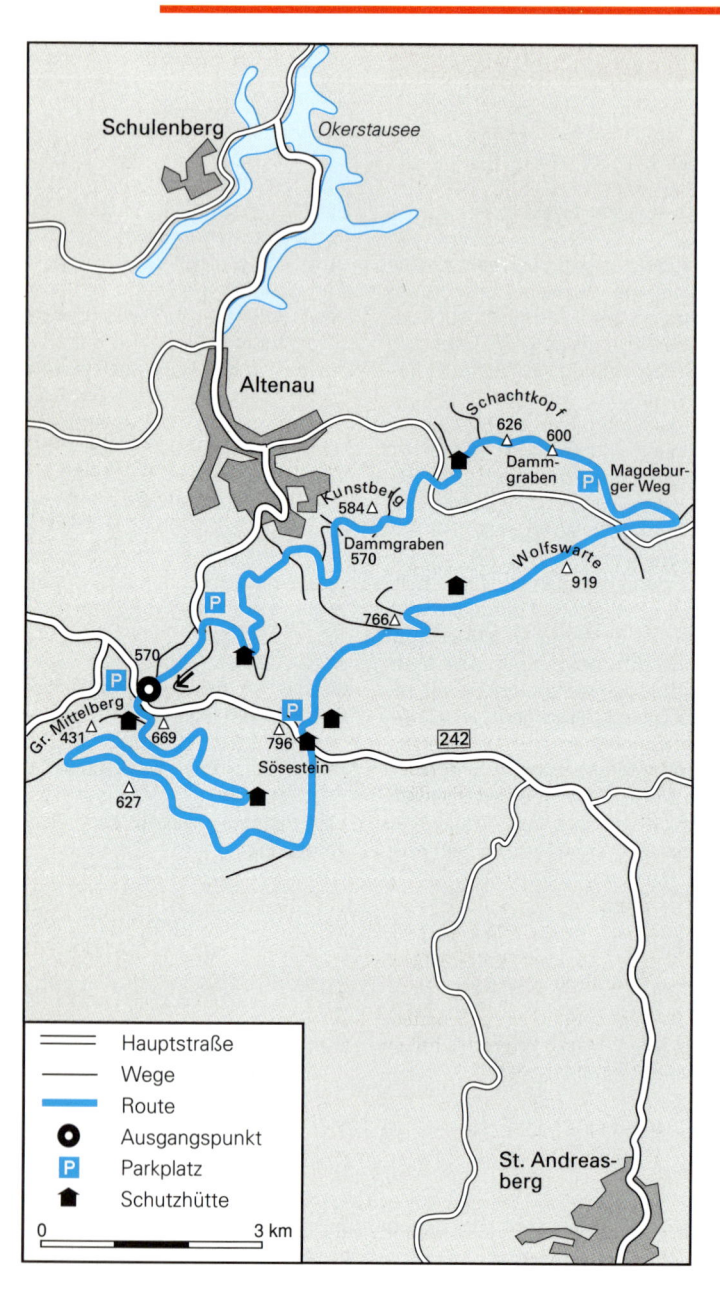

TOURCHECK

km 0,0 Östlich Clausthal liegt an der B 242 das Dammhaus, etwas weiter ist ein größerer Schotterparkplatz. Hier startet man diese Tour. Gegenüber dem Straßenabzweig nach Altenau, das ist die B 498, folgt man dem Morgenbrodtstaler Graben in Richtung „Große Wehr" auf dem Grabenweg.

3,6 Am Wehr überquert man die Betonstege und hält sich dann links bergab.

6,5 Nach schneller Teerabfahrt biegt man links ab. Nachdem man die Sösebrücke überquert hat, hält man sich sofort wieder links und fährt jetzt auf dem Cavannaweg ständig bergauf.

11,0 Jetzt fährt man geradeaus auf dem Reitstieg weiter in Richtung „Stieglitzeck".

12,3 Nahe den Windrädern erreicht man die B 242. Hier links und auf der Bundesstraße etwa 100 m bergab. Nun biegt man rechts ab und radelt auf einem Forstweg weiter in Richtung Altenau.

14,5 Nach Schotter-Downhill (immer geradeaus) biegt man hinter der Philippsbrücke sofort scharf rechts ab. Es geht auf steilem Steig bergauf. Nach 300 m links weiter steil bergauf an den Okersteinen entlang.

15,0 Man erreicht einen Schotterweg, hier muß man sich rechts halten und dann weiter bergauf radeln.

17,3 Kurz vor dem Erreichen der Wolfswarte biegt man rechts ab und fährt auf schwierigem Terrain zur Klippe. Dann hält man sich rechts und fährt auf Trialpfad weiter. Der weitere Weg bergab ähnelt durchaus einem Gebirgsbachbett.

18,4 Erst quert man den Sonnentaler Graben, dann die B 498. Auf der anderen Straßenseite führt ein schmaler, verblockter Trail bergab, auf diesem fährt man nun weiter bergab.

19,2 Am Wegdreieck jetzt links bergab, es geht weiter auf dem Magdeburger Weg.

21,1 Nachdem man sich etwas links gehalten hat, fährt man ein kurzes Stück an einem Graben entlang. Bald biegt man links ab und folgt weiter dem Magdeburger Weg. Nach einem weiteren Stück bergab biegt man links ab. Nachdem man einen Forstweg gekreuzt hat, biegt man nochmals links ab. Nach kurzem steilem Stück Schotterweg erreicht man den Dammgraben, diesem folgt man jetzt in Flußrichtung.

22,8 Man kommt zum Förster-Ludewig-Platz, es geht bis zum Ende der Tour immer am Graben entlang.

23,8 Man kreuzt die Bundesstraße, geradeaus weiter.

27,8 Geradeaus weiter, einen Forstweg kreuzen.

30,9 Man erreicht die B 498, hier links und auf der Straße das letzte Stück weiter bis zum Ausgangspunkt am Gasthaus Dammhaus, das man getrost links liegenlassen kann.

15 DREAMTOUR ST

ALLGEMEINES

In einer Höhenlage zwischen 432 m und 890 m liegt das Gebiet der Gemeinde St. Andreasberg, die früher eine freie Bergstadt war. Jahrhundertelang lebte man auch hier vom Bergbau und förderte u. a. silberhaltige Minerale zutage. Die berühmteste Grube führt den Namen „Samson" und ist heute noch im musealen Bereich zu besichtigen. Des weiteren wird im Schacht auch Strom erzeugt, und zwar mit Wasserkraft, dem Energieträger der historischen Berg- und Hüttentechnik. Schade eigentlich, daß man nicht noch weitere der vielen alten Schächte in gleicher Weise nutzt. Es wären mehrere hundert, und das Wasserregal mitsamt Teichen und Gräben existiert ebenfalls noch. Statt dessen werden die meisten Untertageanlagen einfach verfüllt – aus Sicherheitsgründen, wie es heißt. Es drängt sich aber der Verdacht auf, daß es bisher einfach kaum jemanden gab, der Interesse an dieser sauberen und einfachen Energiegewinnung hatte. Und dann bleibt immer noch das Argument, daß dieser Strom zu teuer sei. Im Vergleich wozu? Wer sich nicht dem Vorwurf einer Milchmädchenrechnung aussetzen will, der muß auch ökologische oder sonstige Folgen mit einkalkulieren.

ANDREASBERG

STRECKENPROFIL

Gesamtstrecke: 37,7 km
Reine Fahrzeit: 2,54 h
Anstiege: 720 Höhenmeter
Schwierigkeit: Mittel bis schwer

In memoriam der alten Zahnradbahn, die leider stillgelegt wurde, führt diese Tour anfangs über deren ehemalige Trasse. Ab dem Glockenberg folgt dann eine sehr schwere Abfahrt hinunter zum Wäschegrund. Ein felsiger Singletrail verlangt einiges Geschick. Es soll hier gleich gesagt werden, so schwer wird's nimmer. Vielmehr fährt man auf einem Forstweg, der sich zu einem leichten Pfad reduziert, weiter zum Matthias-Schmidt-Hang. Vorbei geht's an Skiliften, wieder bergauf. Und wieder folgt ein Singletrail hinab zu dem Engelsburger Teich. Danach fährt man auf vorwiegend geschotterten Forstwegen weiter bis zum Oderteich. Der Weg, der zum Sonnenberg weiterführt, könnte ein Klassiker werden. Wurzeln und Holzbohlen schütteln einen ordentlich durch. Nachdem man dann ein Stück Schotterweg „genossen" hat, wird's wieder etwas rauher, der Weg am Sonnenberger Graben entlang ist trotzdem traumhaft. Nachdem man an der Jordanshöhe das Gelände eines Bergbauernhofes, vermutlich des höchstgelegenen in Norddeutschland, passiert hat, geht es auf dem wunderschönen Höhenweg weiter. Vor allem im Mai und im Juni fühlt man sich hier wohl, es ist dann nämlich Wiesenblüte. Man muß das einfach erlebt haben. Bald kommt man zur Schutzhütte am Treibholz, hier fährt man dann sausemäßig durch das Sperrental hinab. Nachdem man die Landstraße erreicht hat, ist diese Traumtour schon fast zu Ende. Man kurbelt noch ein bißchen auf Teer und erreicht dann wieder Silberhütte. Fazit: Prädikat absolut erlebenswert.

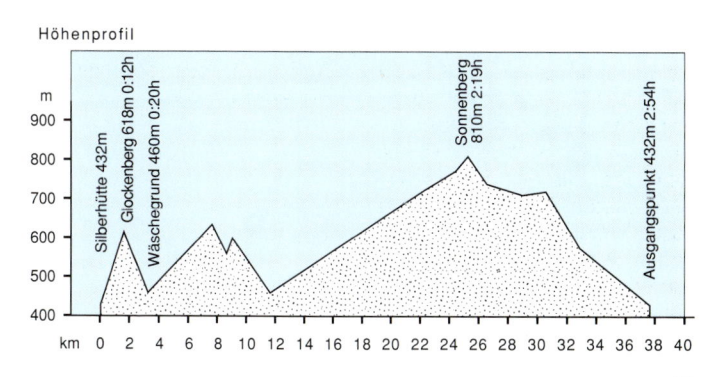

Höhenprofil

Silberhütte 432m
Glockenberg 618m 0:12h
Wäschegrund 460m 0:20h
Sonnenberg 810m 2:19h
Ausgangspunkt 432m 2:54h

15 DREAMTOUR ST. ANDREA

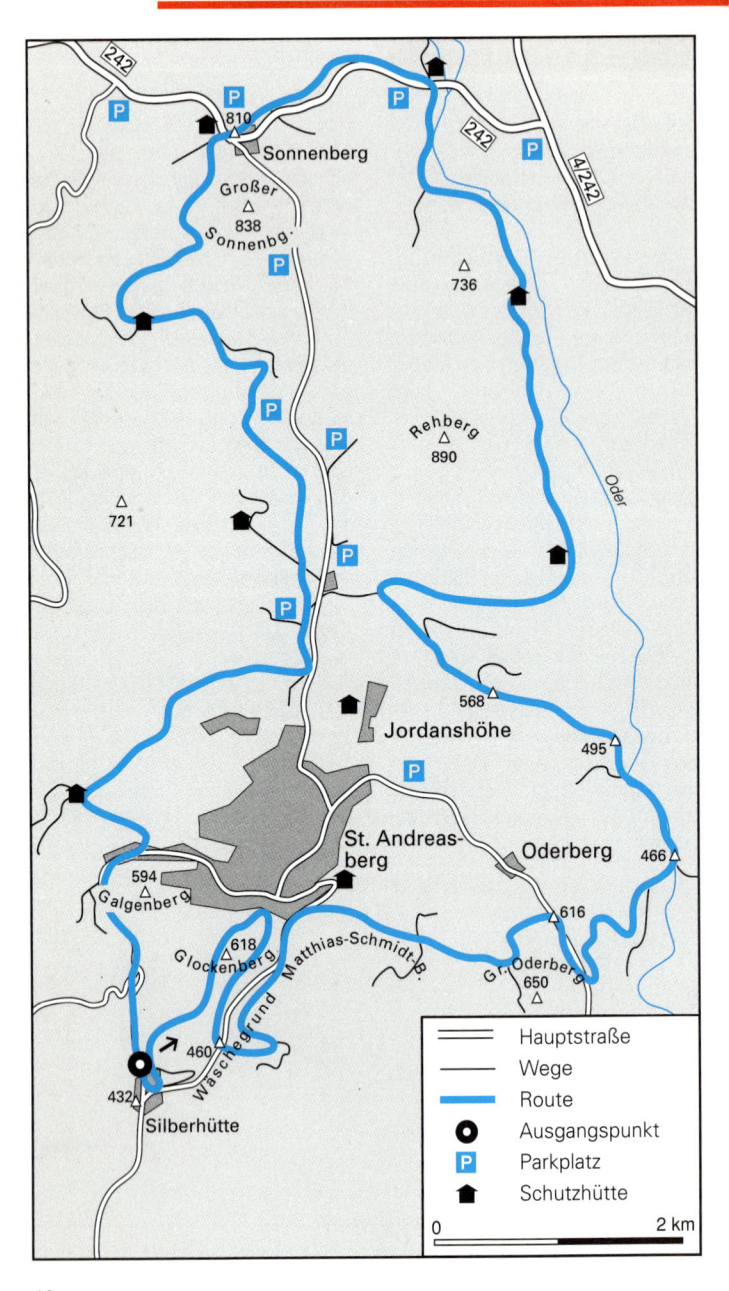

TOURCHECK

km 0,0 Von Bad Lauterberg fährt man durchs Sperrluttertal nach Silberhütte, hier dann links abbiegen und am Ortsausgangsschild gleich rechts parken. Hier ist der Startpunkt dieser Tour. Zunächst geht es auf der Trasse der alten Zahnradbahn steil bergauf in Richtung „Glockenberg".

1,6 Am ehemaligen Bahnhof fährt man bis zu dem rötlichen Gebäude, hier rechts, dann wieder halblinks. Weiter auf dem Kotheweg in Richtung „Roßtrappe".

2,6 Links halten und auf steilem Singletrail bergab zum Wäschegrund.

3,2 Bei den Häusern links abbiegen und auf der Landstraße 200 m aufwärts fahren, dann rechts weiter auf geschottertem Forstweg.

4,4 Am Holzplatz scharf links abbiegen.

6,1 Der Forstweg wird immer schmaler und führt als Trampelpfad an der Straße entlang zum Skihang. Hier fährt man an den Talstationen der Skilifte bergan in Richtung „Schwefelquelle".

7,6 Oberhalb der blauen Halde kreuzt man einen Forstweg, geradeaus weiter auf schmalem Weg in Richtung „Engelsburger Teich".

8,6 Am Teich erreicht man einen Forstweg, hier links und auf ihm bergauf. Bald erreicht man die Landstraße, die man nach rechts überqueren muß. Hier beginnt die Abfahrt ins Odertal. Man beachte die Wegweisung zum Gasthaus Rinderstall.

11,6 Man erreicht eine geteerte Forststraße, hier links, nach 1500 m wieder links und auf der Lochstraße bergauf in Richtung „Rehberger Grabenhaus".

15,8 Jetzt scharf rechts und am Rehberger Graben entlang in Richtung „Oderteich". Dort überquert man die Landstraße, fährt dann wenige Meter in den Wald hinein und radelt dann auf verwurzeltem Trail in Richtung „Sonnenberg".

24,3 Bei den Wirtshäusern geradeaus weiter, ein Stück auf der Straße, dann am alten Forsthaus links bergauf zur Sonnenbergklippe.

26,5 Bei einer Schutzhütte biegt man links ab, bald wieder rechts, weiter am Sonnenberger Graben.

28,9 Rechts halten und weiter auf einem Forstweg, bald überquert man parallel zur Straße einen Parkplatz und radelt weiter in Richtung „St. Andreasberg".

30,5 An der Jordanshöhe rechts halten und am Bergbauernhof dann links auf dem Höhenweg weiter.

32,9 Am Treibholz biegt man scharf links ab und fährt durch das Sperrental hinunter. Man hält sich immer bachabwärts.

33,9 Rechts weiter das Tal hinunter. Bald fährt man an einigen Gebäuden vorbei zur Landstraße, hier rechts und auf der Straße zurück zum Ausgangspunkt in Silberhütte.

16 DIE HOCHHARZ

ALLGEMEINES

Wenn die Höhen des Harzes gemeint sind, dann spricht der Volksmund eigentlich immer vom „Oberharz" und meint damit die höchsten Erhebungen. Doch das ist nicht richtig, denn der Harz ist geographisch in drei größere Einheiten gegliedert. Korrekt bezeichnet man den nordwestlichen Teil als Oberharz. Die östliche Begrenzung ist der Acker-Bruchbergzug, der sich maximal auf 927 m erhebt. Östlich davon liegt dann der Mittelharz, hier ist der höchste Berg der Brocken, aus vielerlei Sagen auch als Blocksberg bekannt. Noch weiter nach Osten schließt der Unterharz an, hierbei handelt es sich mehr oder weniger um eine Hochfläche, die im Norden und im Süden durch tief eingeschnittene Täler gekennzeichnet ist. Die Gipfel der Berge übertreffen hier nur noch selten 600 m. Die drei Eintausender liegen also allesamt im Mittelharz, daher sei hier der Begriff „Hochharz" geprägt. Wem das übrigens alles verflixt niedrig vorkommt, der darf dabei nie vergessen, daß viele Touren im Bereich um 200 m beginnen, so daß Höhendifferenzen von nahezu 1000 m auf einem Anstieg möglich sind. Und wer sich auch damit noch nicht genug gefordert fühlt, der kann mehrere Gipfel aneinanderreihen, was dann zu echten Powertouren führt. Wohl dem, der über genügend Muskelschmalz verfügt.

STRECKENPROFIL

Gesamtstrecke: 81,9 km
Reine Fahrzeit: 5,20 h
Anstiege: 1830 Höhenmeter
Schwierigkeit: Schwer, mit hohen Anforderungen an die Kondition

Gemütlich geht's los, von Braunlage ins Odertal und dann hinauf zum Rehberger Graben. Hier bleibt man meistens auf breiten Schotterwegen. Am Sonnenberger Graben fährt man dann auf wurzeldurchzogenem, schmalem Pfad weiter. Es folgt ein Downhill runter in die „Schluft", technisch einfach und schnell. Der Anstieg, hoch zum Acker, ist dann schon etwas giftiger, wenn auch technisch leicht. Auf der Höhe genießt man die Aussicht, bevor man ins Okertal hinunterfliegt. Dann wird's brutal, der Anstieg entlang den Okersteinen verlangt reichlich Kraft und viel Geschick. Der restliche Weg zur Wolfswarte ist recht einfach, die Abfahrt führt dann allerdings auf einem bachbettähnlichen Weg bergab. Es geht auf schmalem Grasweg anschließend zum Torfhaus, dann folgt eine Sauseabfahrt ins Eckertal, garniert mit verblockten Wegen als technischen Leckerbissen. Von der Talsperre hinauf zum Brocken, das ist brutal; auf alten Betonplatten mit Längsschlitzen quält man sich hinauf. Das Gipfelplateau ist meist mit Menschenmassen übersät, genau wie der Goetheweg bergab. Hier geht es über tolle Bohlen- und Bretterwege. Nach weiteren Betonplatten fährt man dann auf mittelschweren Wegen zum Achtermann. Es folgt wieder eine Sauseabfahrt ins Bodetal. Zum Wurmberg hinauf geht es auf Teer, dafür ist der erste Teil des Downhills Tragestrecke. Der Rest führt über Schotter auf einer markierten Skiabfahrt bergab. Fazit: eine abwechslungsreiche Ganztagestour für Konditionswunder, die auch noch gutes Material und die richtige Technik haben.

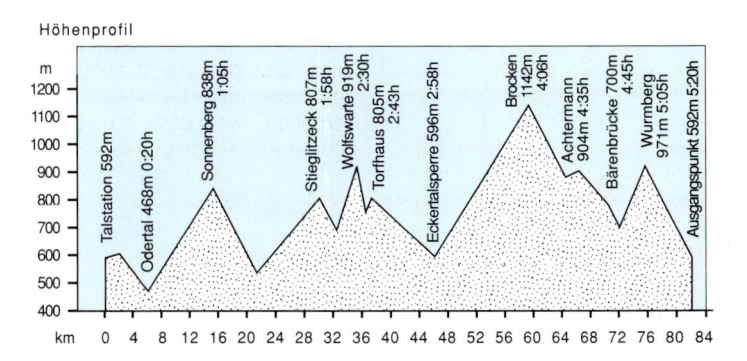

Höhenprofil

16 *DIE HOCHHARZGIPFEL*

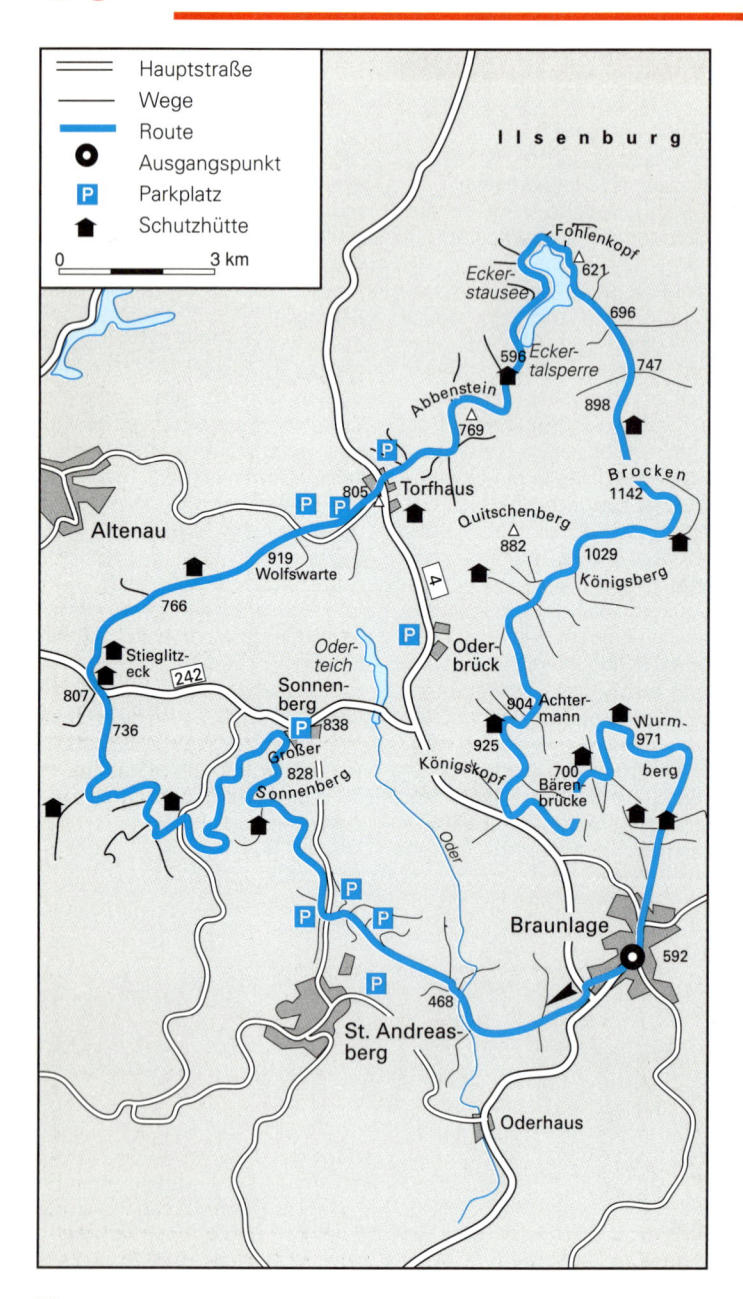

═══	Hauptstraße
───	Wege
━━━	Route
⊙	Ausgangspunkt
🅿	Parkplatz
⌂	Schutzhütte

0 ——— 3 km

TOURCHECK

km 0,0 Am Großparkplatz am Eisstadion fährt man vom Parkplatz aus links durch Braunlage bis zur B 27, hier rechts. Bei zwei Telefonzellen biegt man rechts ab. An der Weide links, dann halb links, dann geradeaus auf der Blankenburger Straße, bald Brücke queren.

3,6 An der Waldmühle halbrechts, durch das Morgensterntal bergab.

5,8 Im Odertal rechts, nach 1500 m links auf Lochstraße.

10,0 Am Rehberger Graben geradeaus zur Straße, diese queren, am Parkplatz rechts, dann am Sonnenberger Graben entlang.

13,1 An der Hütte rechts ab zum „Sonnenberg".

16,0 Auf dem Parkplatz jetzt links in Richtung „Schluft".

18,5 Rechts ab, nach 600 m nochmals rechts (90°), bergab.

20,3 Hart rechts, auf Teer bergab.

21,6 Hier links und auf Schluftstraße 250 m weiter, jetzt rechts bergauf. Km 22,7 rechts.

23,4 Jetzt rechts, um Kurve herum auf Forstweg bergauf.

27,6 Jetzt rechts, auf Ackerstraße weiter bis zum Stieglitzeck. Hier links und auf B 242 etwas bergab, dann nächsten Forstweg links und bergab.

32,3 Nach der Philippsbrücke jetzt hart rechts, nach 400 m links und steil bergauf, an den Okersteinen entlang.

32,9 Rechts und auf Wolfswarter Weg bergauf.

35,2 Rechts, dann Wolfswarte queren, bergab auf Trialpfad.

36,4 Steile-Wand-Straße queren, weiter auf schmalem Trialpfad bergab. Nach 400 m praktisch geradeaus weiter in Richtung „Torfhaus". Nach 200 m auf Forstweg links, dann am Skihang wieder rechts bergauf.

37,3 Am Torfhaus B 4 queren, nach links halten, über den Parkplatz und dann die nächste rechts bergab. Am Skilift halblinks, bald danach links abbiegen und weiter in Richtung „Eckertalsperre" auf dem Kaiserweg. Am Abbestein rechts, nach 1100 m links.

42,4 An der Schutzhütte links, dann an der Talsperre die Staumauer überqueren, danach rechts und am Ufer weiter. Bei km 47,1 rechts weiter bis zu den Betonplatten, darauf bergauf.

58,9 Den Brocken-Gipfel queren und auf Straße bergab. Nach 1500 m rechts, auf Goetheweg weiter bergab.

62,9 Am alten Goethebahnhof rechts an Landesgrenze bergab, nach 200 m geradeaus Richtung „Dreieckiger Pfahl".

71,0 Am alten Grenzstein links in Richtung „Achtermann".

72,7 Links, nach 2200 m erreicht man den Gipfel (geradeaus), hier links weiter zum „Königskrug".

77,1 Am Gasthaus links ab in Richtung „Wurmberg". Die Moosbrücke nach rechts, 900 m weiter die Bärenbrücke überqueren, dann rechts, nach 200 m links, dann nochmals links und auf Teer zum Gipfel.

80,2 Weiter Richtung Schanze, hier links auf Serpentinenweg bergab. 900 m weiter links, am Schanzenauslauf rechts, bei der Seilbahntrasse links auf Skiabfahrt Nr. 1 zurück zum Ausgangspunkt.

17 VOM ODERTAL ZU

ALLGEMEINES

Eigentlich wäre Bad Lauterberg als Quartier für einige Touren allein wegen der Lage des Ortes interessant. Nun ist es aber so, daß selbst auf mehrmaliges Nachfragen keine Beherbergungsbetriebe, die vom Preis-Leistungs-Verhältnis akzeptabel wären, genannt wurden. Auch die eigene Suche war nicht von Erfolg gekrönt, dabei wäre es doch so einfach. Als Biker braucht man doch nur einen sicheren Abstellplatz für sein teures Sportgerät und möglicherweise noch Zugang zu einer Waschmaschine. In früheren Tagen war die wirtschaftliche Lage der alten Bergbausiedlung Lutterberg sicher so, daß man sich über jede Einnahmequelle gefreut hätte. Man baute Kupfer- und Eisenerze ab, die auch vor Ort verhüttet wurden. Auch heute gibt es hier noch ein in Betrieb befindliches Bergwerk. Es ist die Grube Wolkenhügel, auf dessen Feld Baryt, zu deutsch Schwerspat, gewonnen wird. Das Bariumsulfat braucht man in der chemischen Industrie, außerdem wird es für den Strahlenschutz verwendet, da es über ein sehr hohes spezifisches Gewicht verfügt. Spuren des historischen Bergbaus findet man in der Umgebung von Bad Lauterberg reichlich. Halden, Pingen (eingestürzte Stollen etc.) und alte Grubengebäude sind noch allerorten auffindbar.

STÖBERHAI

STRECKENPROFIL

Gesamtstrecke: 28,9 km
Reine Fahrzeit: 1,57 h
Anstiege: 704 Höhenmeter
Schwierigkeit: Mittel, mit schweren Passagen

Die Tour beginnt nahe der Wildfütterung an der Erikabrücke, und sofort geht es auf breitem Schotterweg bergan in Richtung St. Andreasberg. Kurz vor dem Engelsburger Teich fährt man dann auf einem interessanten Singletrail, der allerdings keine großen Schwierigkeiten aufweist. Ab dem alten Grubenteich geht es dann weiter bergauf. Nachdem man die Landstraße überquert hat, beginnt ein Speed-Downhill ins Odertal hinab. Anschließend folgt Anstieg Nummer zwei. Es geht nun durch das Morgensterntal hinauf bis zum Kaiserweg, den man kurz vor dem Kinderheim Waldmühle erreicht. Nun fährt man auf dem Höhenweg in Richtung Stöberhai, die Betontürme sind schon bald sichtbar. Man radelt die ganze Strecke bis zum Gipfelanstieg, bis auf eine kurze Ausnahme, immer auf geschotterten Forst- und Wirtschafts- oder auf Waldwegen. Der letzte Anstieg ist ganz schön giftig. Auf einem schmalen und steilen Grasweg geht's bergauf. Bei Nässe ist dieser Trail mitunter ganz schön hart. Ist man dann am militärischen Hochsicherheitsgelände angelangt, hat man eine Superaussicht, die, wie schon öfters gesagt, nur durch die Betontürme getrübt wird. Weiter geht's ein Stück bergab auf Teer, aber dann folgt etwas für Abfahrtsspezialisten, ein grasiger, sehr steiler Pfad bergab. Unten muß man aufpassen, ein etwas merkwürdiges Wildgatter läßt sich, auf dem Bike sitzend, nämlich nicht passieren. Es geht weiter bergab auf Schotterwegen bis zur Odertalsperre. Man fährt am Stausee auf Schotterweg entlang bis zum Campingplatz. Jetzt sind es nur noch ein paar Kurbelumdrehungen bis zum Ausgangspunkt.

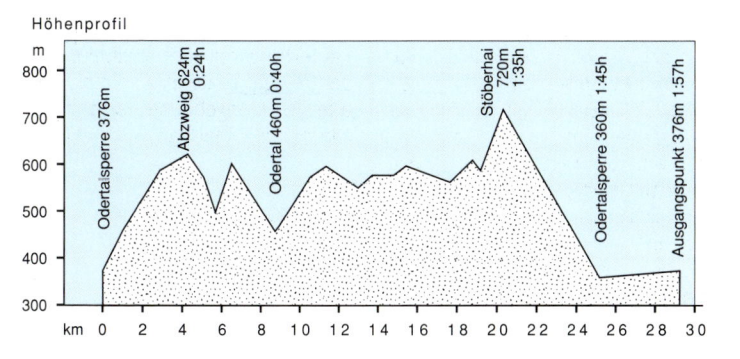

Höhenprofil

17 VOM ODERTAL ZUM STÖ[BERHAI]

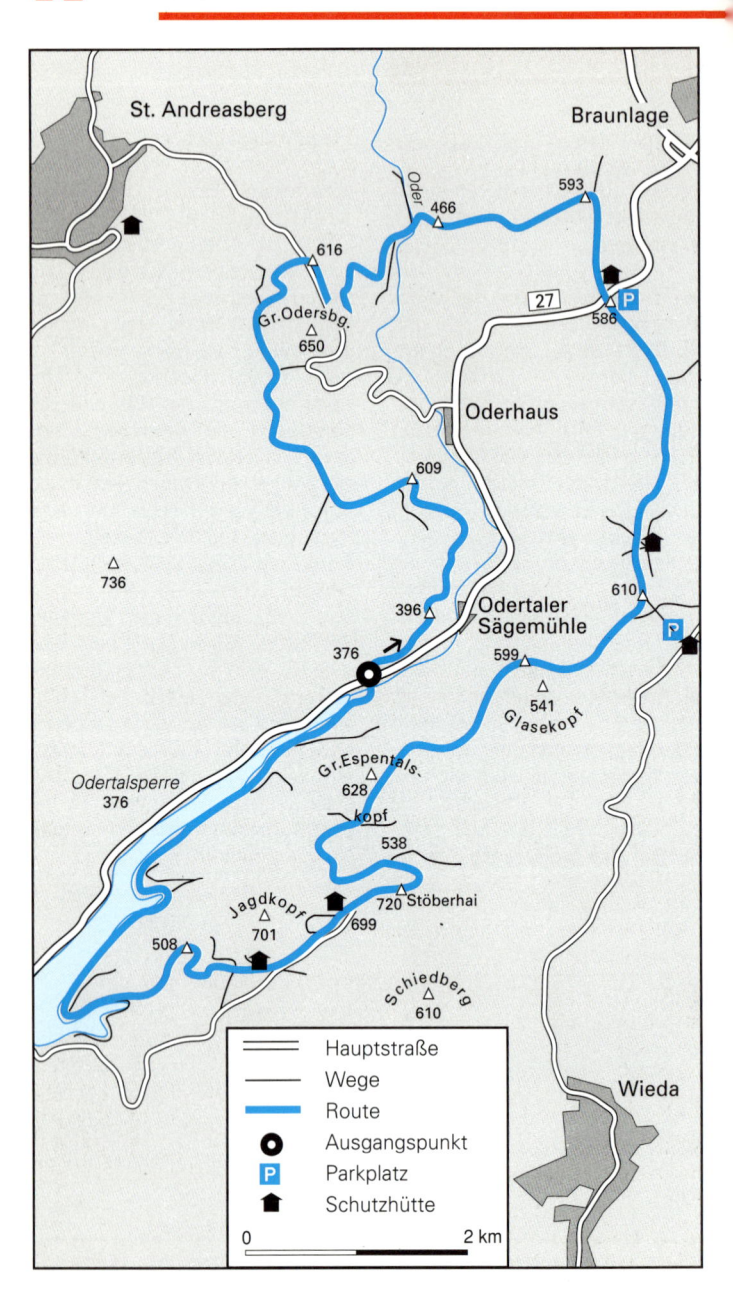

St. Andreasberg
Braunlage
Oder
466
593
616
Gr. Odersbg.
650
27
586
Oderhaus
609
736
396
Odertaler Sägemühle
376
610
599
541
Glasekopf
Odertalsperre
376
Gr. Espentals-
628
kopf
538
Jagdkopf
720 Stöberhai
701 699
508
Schiedberg
610
Wieda

═══	Hauptstraße
───	Wege
━━━	Route
⊙	Ausgangspunkt
🅿	Parkplatz
⬢	Schutzhütte

0 — 2 km

76

HAI

TOURCHECK

km 0,0 Von Bad Lauterberg fährt man in Richtung Braunlage. Am Ende der Odertalsperre befindet sich links der Straße, gegenüber dem Campingplatz, nahe einer großen Wildfütterung der Ausgangspunkt. Man fährt auf Schotterweg bergauf. Nach 100 m rechts halten.

2,8 Bis hierher geradeaus, nun rechts halten, weiter auf Schotterweg.

3,1 Geradeaus, ab hier Markierung „blauer Punkt" beachten.

5,0 Nach einem kurzen Stück auf Teer jetzt scharf links abbiegen, weiter auf schmalem, grasigem Pfad.

5,6 Am Engelsburger Teich scharf rechts, weiter auf Schotterweg bergauf.

6,4 Nun rechts, etwa 20 m bergab auf der Landstraße, dann sofort wieder links und hinunter ins Odertal.

7,1 Etwas links halten.

8,5 Man erreicht die Odertalstraße, hier links und nach 300 m wieder rechts, jetzt durch das Morgensterntal bergauf.

10,5 Auf der geschotterten Waldstraße geht es nach rechts in Richtung „Lausebuche".

11,9 Nachdem die B 27 überquert ist, geht es geradeaus weiter auf dem Kaiserweg in Richtung „Stöberhai". Nach 200 m etwas rechts halten.

14,5 Hier links halten.

15,1 Rechts weiter in Richtung „Stöberhai", der Kaiserweg wird hier verlassen.

17,3 Immer geradeaus, auch an der Weggabelung, hier bergauf.

17,5 Etwas rechts halten.

18,9 Bis hierher geradeaus, jetzt auf breiterem Schotterweg nach links abbiegen, dann sofort wieder links bergauf auf Schotterweg. Den sofort nach rechts verlassen, jetzt auf Grasweg steil bergauf.

19,4 An der Militäranlage rechts halten und am Zaun herum bis zur Straße, hier links auf Waldweg weiter.

19,9 Am Gipfel angelangt, wählt man den gleichen Weg zurück bis zur Teerstraße, hier nun bergab.

21,2 An der Schutzhütte jetzt rechts, runter von der Straße und vor dem Hütteneingang steil bergab auf Grastrail.

22,4 Am Metallgittertor rechts und auf Schotterweg weiter.

23,5 Erst links, dann sofort wieder rechts, weiter bergab.

24,8 Wer immer auf dem Hauptweg geblieben ist, kommt jetzt zur Odertalsperre, in der Baden übrigens erlaubt ist. Man biegt hier rechts ab und fährt auf dem Uferweg immer am See entlang.

25,3 Hier links weiter.

27,2 Wieder etwas links halten, 600 m weiter gilt dasselbe.

28,7 Nach der Wegschranke am Campingplatz links halten, die Brücke überqueren und dann zur Landstraße. Hier rechts ab und auf der Straße noch wenige Kurbelumdrehungen weiter, bis man nach ca. 100 m den Ausgangspunkt dann wieder erreicht.

18 TOP-TOUR RAVEN

ALLGEMEINES

Vor Jahren war auf dem Stöberhai noch richtig was los. Ein Berghotel, das inzwischen abgebrannt und nicht wieder aufgebaut worden ist, zog zahllose Wanderer an. Auch die Lauschstation der NATO hat durch den Zusammenbruch des Warschauer Paktes an Bedeutung verloren. So ist es ruhig geworden um diesen Berg, der nun eigentlich das ideale Bikerevier darstellt. Auch der Ravensberg lockt durch die tolle Rundumsicht. Störend ist nur, daß von Bad Sachsa aus eine Fahrstraße zum Bergcafé hinaufführt. So hat man hin und wieder leider mit Blechkarossen zu tun. Eigentlich ein Witz, daß die Straße nicht gesperrt wird. Kurioser wird die Geschichte noch, wenn man bedenkt, daß man die Gleitschirmflieger verbannt hat, da sie auf der Absprungstelle die Grasnabe beschädigt haben sollen. Zur Vervollständigung dieser Information sei noch gesagt, daß diese Stelle auf einer Ski-Alpin-Abfahrt liegt. Es erscheint widersinnig, daß – nicht nur in diesem Fall – Sportlem, die sich in die Natur wagen, Beschränkungen auferlegt werden, nicht aber den Autofahrern; dabei ist doch davon auszugehen, daß Gras bald nachwächst, ökologische Schäden durch Blechkarossen die Menschen aber deutlich länger beschäftigen werden.

BERG

STRECKENPROFIL

Gesamtstrecke: 24,0 km
Reine Fahrzeit: 1,54 h
Anstiege: 557 Höhenmeter
Schwierigkeit: Mittel bis schwierig
(Ravensbergabfahrt)

Es beginnt an der „Kirchbergtherme" auf einem geschotterten Forstweg, der sich anfangs recht steil, später dann maßvoll den Berg hinaufzieht. Bei allem Anfangselan ist es aber vielleicht doch die richtige Methode, den Berg locker anzugehen, denn der Anstieg zum „Stöberhai" ist immerhin 10,4 Kilometer lang mit ca. 424 Höhenmetern. Es gibt auf der Strecke auch kaum Passagen, die zum Ausruhen einladen. Nach einem kurzen Downhill, leider größtenteils auf Asphalt, führt dann der Höhenweg über geschotterte Forstwege, hierbei sind keine Schwierigkeiten zu meistern. Der Anstieg zum Ravensberg führt dann recht heftig auf einem kleineren, holprigen Forstweg parallel zur Straße bergan. Auf dem Ravensberg angekommen, hat man, wie eigentlich häufig auf dieser Tour, eine tolle Aussicht. Störend wirkt nur, daß man den Ravensberg auch mit Kfz befahren kann. Die Abfahrt, die dann folgt, ist eigentlich ein Leckerbissen; ein schmaler Pfad, der bei Nässe tückisch sein kann, führt ins Steinatal. Hier helfen nur gute Bremsen und die richtige Fahrtechnik weiter. Anschließend geht es dann bis zum Ende dieser Tour auf breiteren, vorwiegend geschotterten Wegen weiter. Erst folgt ein Minianstieg hinauf zur Wasserscheide Weser – Elbe, danach noch ein schönes Stück hinab zum Ausgangspunkt in Bad Lauterberg. Zusammenfassend kann man sagen, daß man hier eine echte Genußtour fahren kann, die recht abwechslungsreich ist. Bis auf die Ravensbergabfahrt ist die Strecke als leicht einzustufen, die Abfahrt allerdings ist bei trockenem Wetter mittel, bei Nässe schwer, sonst traumhaft.

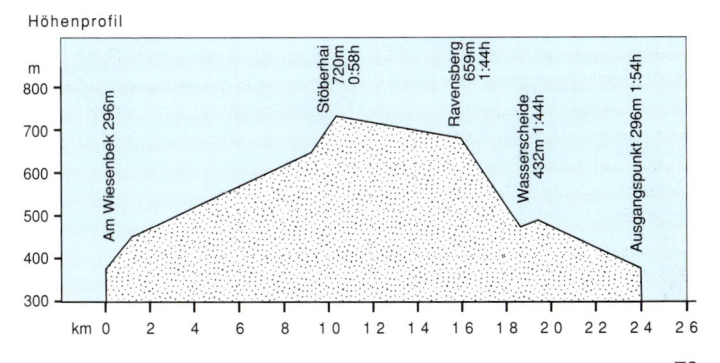

Höhenprofil

18 TOP-TOUR RAVENSBERG

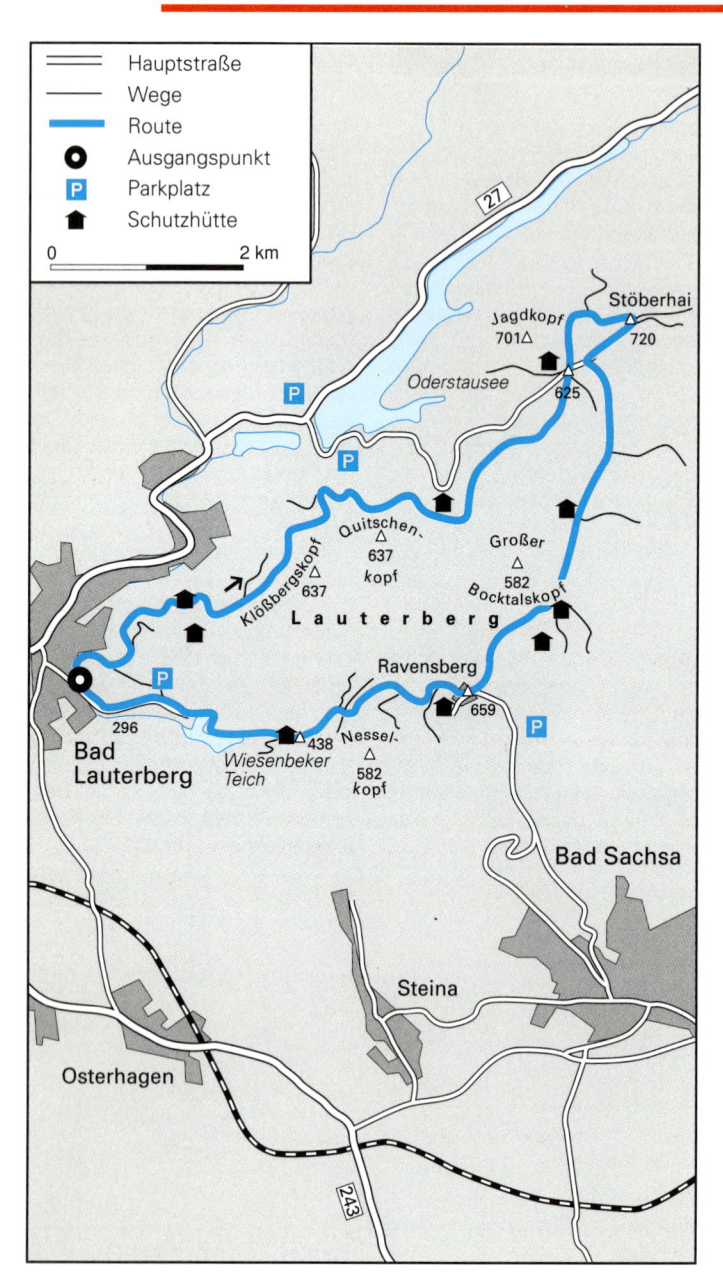

TOURCHECK

km 0,0 In Bad Lauterberg folgt man der Wegweisung „Wiesenbeker Teich" und parkt anfangs der Straße „Am Wiesenbek". Nun fährt man mit dem Bike erst über die Teichstraße, dann über den Scholbenweg aufwärts. Man muß ständig die Wegweisung in Richtung „Stöberhai" beachten. Zur besseren Orientierung dient auch die gut sichtbare Markierung „blaues Dreieck".

1,1 Hier muß man sich jetzt links halten und auf dem beschilderten „Oberen Scholbenweg" weiter aufwärts auf Schotter fahren. Es geht eigentlich ständig am Hang entlang bergauf.

9,2 Man erreicht zum zweiten Mal eine Schutzhütte, hier fährt man praktisch weiter geradeaus in Richtung des Gipfels vom „Stöberhai". Der Weg ist nun recht breit und geteert. Achtung: In diesem Bereich muß man ständig mit Militär- und anderen Fahrzeugen rechnen, die hier recht flott entlangfahren.

10,4 Ist man erst einmal oben, dann kann man seinen Blick rundum schweifen lassen. Abwärts fährt man dann, sich rechts haltend, über Asphalt auf steiler Fahrstraße. Man kommt an der militärischen Lauschstation vorbei.

11,4 Jetzt geht es weiter auf geschottertem Forstweg, hier etwas rechts halten in Richtung „Ravensberg". Hier die Markierung „rotes Dreieck" beachten. Es geht nun immer auf dem Höhenweg entlang.

14,1 Hier halb rechts halten und weiter auf dem Schotterweg über die Höhe.

15,9 Nachdem man die Teerstraße erreicht hat, hält man sich etwas rechts und radelt auf Hohlweg bergan bis zum Ravensberg-Gipfel, hier fährt man dann auf gleichem Weg ein Stück zurück. Also wieder parallel zur Straße. Nach 400 m muß man dann recht scharf nach links abbiegen, und nach weiteren 300 m hält man sich rechts. Nun dem schmalen Weg ins Steinatal folgen (Markierung „rotes Dreieck" weiter beachten).

17,2 Man überquert einen Forstweg, weiter auf Steig bergab bis zum gepflasterten Forstweg. Diesen überquert man. Danach fährt man über den Damm eines nahezu verwachsenen Teiches. Ein paar Meter weiter biegt man dann links ab und fährt jetzt bergauf auf breitem, geschottertem Forstweg.

19,5 An der Wasserscheide Elbe – Weser rechts in Richtung Wiesenbeker Teich. Bald fährt man auf dem Uferweg entlang bis zur Staumauer, wo auch ein Gasthaus steht. Hier etwas links halten und bergab über die recht steilen Rampen. Man fährt dann am Bach entlang, bis man die Kurhäuser erreicht. Zuletzt fährt man auf geteertem Weg wieder zurück bis zum Ausgangspunkt, den man nach wenigen Metern erreicht.

19 BRUTALTOUR ZUM

ALLGEMEINES

Nun ist es schon Geschichte, den zweigeteilten Harz gibt es nicht mehr. Die alten Grenzanlagen verschwinden zusehends. Nur die Betonplatten, mit denen die Wege am Eisernen Vorhang befestigt waren, sind als Relikt aus alten Zeiten geblieben. Jedenfalls bis jetzt. Sie dienen nun als Wanderwege und bieten auch dem Biker gewisse Möglichkeiten. Man muß diese nicht mögen, aber der im folgenden beschriebene Anstieg zum „Blocksberg", wie der Brocken in der Sage heißt, ist von Wanderern nicht so stark frequentiert. Woran liegt es eigentlich, daß dieser Berg von Millionen von Menschen im Jahr besucht wird? Ist es die 40jährige Sperrung aus militärischen Gründen, und kann man daher mit einer Normalisierung in den nächsten Jahren rechnen? Nein, schon vor dem Krieg hat der Mythos, den u. a. auch Johann Wolfgang von Goethe geschaffen hat, dafür gesorgt, daß jeder, der etwas auf sich hielt, einmal auf dem Brocken gewesen sein wollte, um die einmalige Fernsicht zu genießen. Da das Wetter hierfür aber nicht immer optimal ist, versucht man's halt öfter. Und so wird der Betrieb, den viele als störend empfinden, wohl auch kaum nachlassen. Bleibt für den Biker die Herausforderung des Anstiegs – die Abfahrt fällt recht langsam aus, da man kaum schneller als die Fußgänger hinabkommt. Oder man hat die Möglichkeit, schlechtes Wetter abzuwarten. Viel Spaß.

BROCKEN

STRECKENPROFIL

Gesamtstrecke: 34,4 km
Reine Fahrzeit: 2,52 h
Anstiege: 902 Höhenmeter
Schwierigkeit: Schwer

Man startet in Bad Harzburg und fährt dann über Sennhütte und Molkenhaus zur Eckertalsperre. Hierbei bewegt man seinen Stollengaul vornehmlich auf Wald- und Forstwegen. Nachdem man die Staumauer der Ecker schiebend, wie es ein Schild verlangt, überquert hat, beginnt ein brutaler Anstieg, der ab dem Scharfenstein über diese lausigen Betonplatten bis zum Gipfel führt. Nicht nur, daß die Längsrillen einen Pneu „verschlucken" können, die hellen Platten reflektieren die Sonne derart, daß man in kürzester Zeit einen heftigen Sonnenbrand davonträgt. Da Büsche oder Bäume fehlen, gibt es auch keinen Schatten. Durch diese Konstellation ist es natürlich auch klar, daß man reichlich Flüssigkeit mitnehmen muß. Man kann am Gipfel allerdings Getränke nachkaufen. Die Abfahrt ist schön, aber nervend. Der Goetheweg führt über Holzbretter, das ist sehr interessant, es sind nur so viele Fußgänger hier, daß selbst an langsames Fahren oft nicht zu denken ist. Bis zum Torfhaus wird es dann wieder etwas ruhiger. Es geht weiter bergab, dabei ist der Satzstieg, ein schmaler Pfad, ein Highlight. Es macht endlich wieder Spaß zu biken, denn nun ist man wieder fast allein. An der Radau entlangzufahren ist wegen der tollen Landschaft ebenfalls ein Vergnügen. Der Wasserfall ist zwar „von Menschenhand gemacht", aber dennoch schön anzusehen. Es folgt noch ein schmaler Weg, der weiter zurück zum Ausgangspunkt führt. Fazit: eigentlich eine schöne Tour für Konditionswunder, die sich zudem nicht an dem volksfestähnlichen Trubel auf dem Brocken und an dem überfüllten Goetheweg stören. Auf zum Brocken.

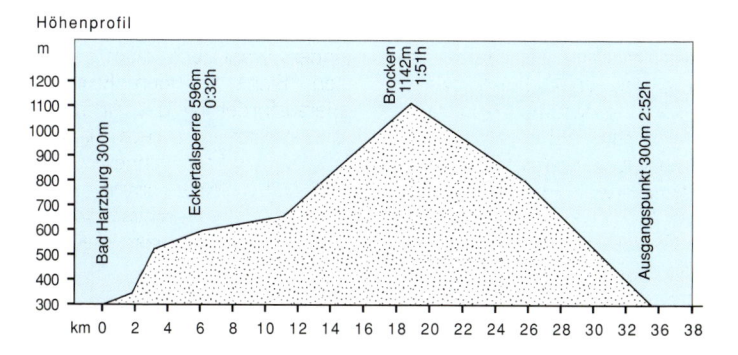

Höhenprofil

19 BRUTALTOUR ZUM BROCKEN

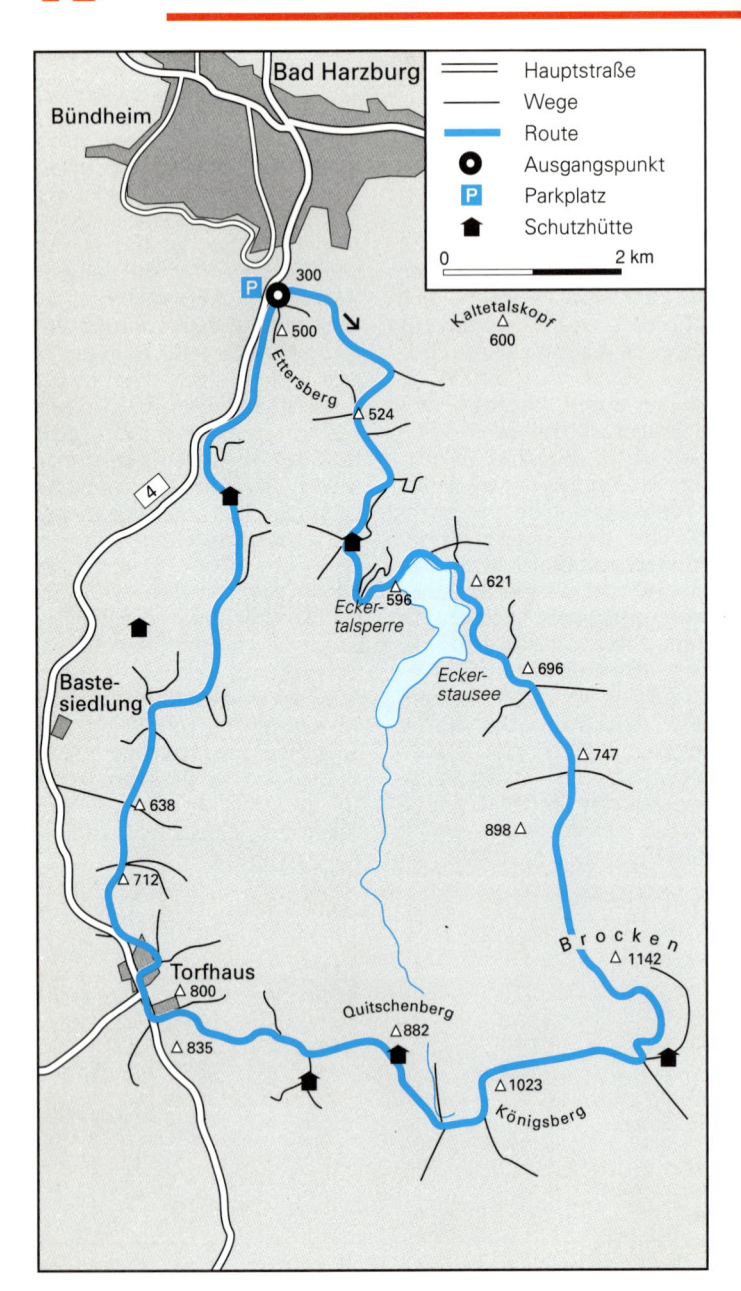

TOURCHECK

km 0,0 Fährt man von Torfhaus nach Bad Harzburg auf der B 4, dann biegt man bei dem Autohaus am Ortsanfang sofort rechts ab. Hier startet man mit seinem Stollengaul und fährt weiter auf Schotterweg. Nach 200 m biegt man links ab in Richtung „Märchenpark". Bald geht es oberhalb eines Grabens weiter in Richtung „Sennhütte".

1,5 Am Restaurant links halten und auf schmalem Weg bergab zum kleinen Teich. Hier biegt man scharf links ab und fährt weiter bergauf, erst rechts, dann links in Richtung „Molkenhaus".

3,0 Das Gasthaus kann man getrost rechts liegenlassen. Man fährt praktisch geradeaus (etwas rechts) weiter in Richtung „Eckertalsperre". Eine Unzahl von Wegen läßt eine exaktere Beschreibung nicht zu, daher auf die vielen Hinweisschilder achten.

4,9 Man verläßt die Teerstraße nach links, nach 300 m wieder auf einer Teerstraße bis zur Staumauer.

6,6 Bei der geologischen Hinweistafel einige Stufen hinunter und die Staumauer überqueren.

7,0 Nun erreicht man einen breiteren Schotterweg, hier nach rechts in Richtung Brocken.

10,8 Nachdem die Betonplatten begonnen haben, kommt man bald zur Scharfensteinklippe, nun geht es auf Betonplatten brutal steigend Richtung Brockengipfel.

18,8 Auf dem Gipfel angelangt, fährt man am Bahnhof vorbei ein Stück die Brockenstraße hinunter.

20,3 Wo die Brockenbahn zum ersten Mal die Straße quert, biegt man rechts in den Goetheweg ein; nun geht es erst einmal parallel zur Eisenbahnstrecke bergab.

23,0 Nachdem man dem alten Grenzweg, der von der Bahntrasse wegführt, gefolgt ist, biegt man bald rechts ab. Nach 300 m wieder rechts. Nun am Graben entlang.

25,8 Am „Torfhaus" biegt man rechts ab und fährt auf der B 4 etwa 250 m bis zum Großparkplatz. Diesen quert man in nördlicher Richtung, an dessen Ende dann rechts.

26,5 Wieder an der Talstation des Skilifts, biegt man nun hart links ab und fährt in Richtung „Bad Harzburg".

27,3 Jetzt scharf rechts und auf dem Satzstieg weiter bergab.

27,7 An der Weggabelung rechts halten, weiter auf Singletrail. Nach 200 m geradeaus über einen Forstweg.

28,3 Hier geradeaus weiter auf Forstweg.

28,6 Rechts halten.

29,6 Nachdem man eine Brücke überquert hat, hält man sich links und nun immer an der Radau entlang talabwärts.

30,5 Geradeaus weiter auf breiter Teerstraße.

32,0 300 m, nachdem man eine Wegschranke passiert hat, biegt man rechts auf einen schmalen Weg ab und passiert eine Schutzhütte. Nach kurzem Anstieg hält man sich links und fährt auf dem oberen Weg am Graben entlang.

32,9 Am Wasserfall geradeaus weiter auf steinigem Weg zurück zum Ausgangspunkt.

20 RUND UM DEN

ALLGEMEINES

Wem der Trubel auf Norddeutschlands höchstem Berg denn doch allzu heftig ist, der fährt am besten einmal um ihn herum. Ständig bieten sich andere Perspektiven, diesen sagenumwobenen Berg auf Zelluloid zu bannen. Und man ahnt nicht, wie viele Menschen täglich den Berg erklimmen. Teils geht das zu Fuß, teils bringt einen die Schmalspurbahn zu einem horrenden Preis dort hinauf. Würstchenbuden, Gulaschkanonen sowie allerlei Technik bestimmen das Bild auf 1142 m Höhe. Als vor einiger Zeit eine bekannte Fastfoodkette Interesse bekundete, auf dem Gipfel ein Schnellrestaurant zu errichten, da gab es massenhaft Proteste; ob aber die Form der Massenversorgung, die jetzt stattfindet, besser ist, das bleibt zweifelhaft. Diese Anmerkungen seien nicht als Protest gegen die Eisenbahn zu verstehen, sie schafft ja „nur" maximal 4000 Menschen täglich hinauf, und manchmal sind im Laufe eines Tages 50 000 (!) dort oben. Man sollte den Berg halt ein wenig gemütlicher gestalten. Und ein Gutes hat das Ganze noch: Alle Spaziergänger, die das Gipfelplateau bevölkern, können nicht gleichzeitig woanders im Harz sein. Wanderern und Bikern kann das eigentlich ganz recht sein.

BROCKEN

STRECKENPROFIL

Gesamtstrecke: 59,5 km
Reine Fahrzeit: 3,53 h
Anstiege: 1078 Höhenmeter
Schwierigkeit: Schwer

Vom Eckertal fährt man über die Hügel am nördlichen Harzrand nach Ilsenburg, hier ist eigentlich noch alles recht einfach. Schwierig wird es dann auf dem Heinrich-Heine-Weg; ein recht nett verblockter Trialpfad führt durch herrlichste Landschaft in Richtung „Brockenchaussee". Wem das zu heavy erscheint, der kann allerdings auch auf feinschottrigem Forstweg das Tal der Ilse mit seinem Stollenflitzer erschließen.

An der Brockenchaussee kann man erahnen, wie viele Menschen dieser Berg anzieht. Deswegen verläßt man die Stätte am besten gleich wieder und fährt über den geschotterten Glashüttenweg in Richtung „Schierker Bahnhof". Bevor man diesen erreicht, wird der Weg noch interessant. Die Ortsdurchquerung von Schierke leidet etwas unter dem starken Autoverkehr. Allerdings ist man im „Sandlünz" dann wieder auf einsamem Weg. Am „Dreieckigen Pfahl" kreuzt man noch einmal für ein Stück einen beliebten Brockenwanderweg. Was folgt, ist der Kaiserweg, der hier im Oderquellgebiet, zumindest partiell, eine Herausforderung darstellt. Nahe dem Oderteich folgen ebenfalls Wege, die etwas Geschick und auch Kraft erfordern. Ab dem Torfhaus beginnt die Abfahrt, die oberhalb der Eckertalsperre wegen der tollen Pfade das Bikerherz höher schlagen läßt. Der untere Teil des Eckertals ist fahrtechnisch zwar leicht, aber landschaftlich anfangs noch sehr beeindruckend. Alles in allem eine schöne Tour, die nur teilweise sehr schwer ist, aber gerade deswegen durchaus Hardcore-Material verlangt. Mit Bikes, die eigentlich diesen Namen gar nicht verdient haben, ist hier nichts zu bestellen.

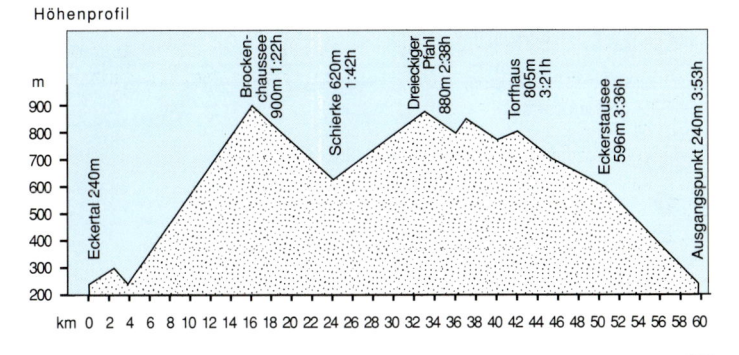

Höhenprofil

20 RUND UM DEN BROCKEN

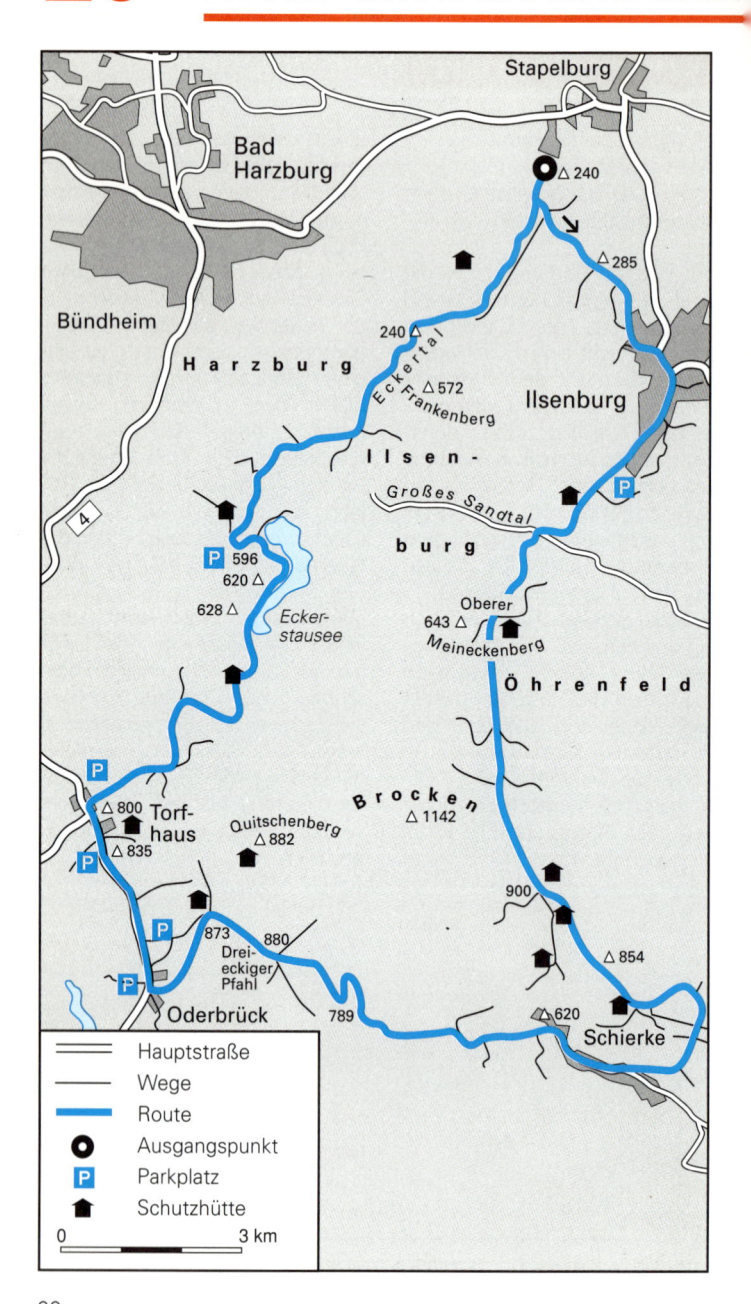

TOURCHECK

km 0,0 Start ist der Parkplatz Eckertal an der B 6, der südlich der B 6 Harzburg–Ilsenburg liegt. Mit dem Bike geht es weiter talaufwärts.

0,9 Geteerten Weg nach links verlassen, weiter auf dem ausgeschilderten Fernwanderweg Richtung Ilsenburg (km 2,5 quasi geradeaus, km 2,9 rechts bergauf).

3,8 In Ilsenburg links halten, dann am Teich entlang.

4,3 An der Hirschapotheke links und bald wieder rechts, jetzt den Hinweisen ins Ilsetal folgen.

7,0 Links über die Brücke, weiter auf Heinrich-Heine-Weg oder alternativ geradeaus auf Forststraße. Das ist deutlich leichter.

9,4 Links, über eine Brücke, dann Forstweg queren und weiter auf markiertem Weg Richtung „Ilsefälle".

11,1 Weiter auf Schotterweg Richtung „Brockenchaussee".

12,9 Hier etwas links, sonst immer geradeaus.

15,9 An der Brockenchaussee geradeaus, an der Schutzhütte rechts weiter auf dem Glashüttenweg Richtung „Schierker Bahnhof".

19,0 Links weiter auf Schotterweg, nach 900 m geradeaus.

20,4 Hier rechts und bergab zum Schierker Bahnhof.

21,9 Gleise queren und am Bahnhof weiter in Richtung „Schierke" auf geteertem Weg.

23,9 An der Kirche jetzt rechts durch den Ort.

25,8 Nach links die Bodebrücke queren, dann rechts am Flüßchen entlang talaufwärts zum „Dreieckigen Pfahl".

27,8 Geradeaus talaufwärts.

32,9 Man überquert am „Dreieckigen Pfahl" die Landesgrenze und fährt weiter in Richtung „Oderbrück".

34,1 Hier links weiter auf dem Kaiserweg.

35,9 Am Gasthaus quert man die B 4 und fährt geradeaus weiter bergab zum Oderteich, an der Brücke hält man sich rechts und fährt auf dem Märchenweg zur Sonnenkappe (rechts halten). Dann geht es auf dem Bohlweg (Auerhahnweg) weiter.

39,9 Man überquert die Landstraße und fährt rechts bergauf in Richtung „Torfhaus". Nach 200 m links, dann rechts und dann einen Sportplatz überqueren. Weiter zur B 4. Nun links ab zum Großparkplatz, diesen in nördliche Richtung queren und an dessen Ende rechts bergab.

42,5 An der Talstation des Skilifts links, nach 700 m nochmals links und weiter auf dem Kaiserweg in Richtung „Abbestein".

45,2 Am Abbestein rechts weiter auf Schotterweg.

46,3 Hier links Richtung „Skidenkmal".

47,0 An der Schutzhütte rechts, jetzt immer talabwärts an der Ecker entlang Richtung Talsperre.

50,5 An der Staumauer links, dann rechts halten bergab zu den Betriebsgebäuden der Wasserwerke. Dann immer weiter durchs Eckertal zurück zum Ausgangspunkt.

21 TOLLES ODERTAL

ALLGEMEINES

Steil fallen sie ab, die Hänge vom Rehberg oder von den Hahnenkleeklippen ins Odertal. Wer hier hinunterstürzt, der ist für immer verloren. Es sei denn, es geschieht ein Wunder, und man wird auf einem gleißenden Lichtstrahl sanft hinabgetragen. So erging es vor vielen Jahren einem Reh, das vor einer Meute reitender Jäger fliehen mußte. Als es plötzlich am Abgrund stand, sprang es, den sicheren Tod vor Augen, in die Tiefe. Doch das Licht half, und es landete sicher im Odertal. Der Anführer der Jägersmeute, ein Ritter namens Robert, wollte es dem Reh gleichtun und sprang mit seinem Roß ebenfalls hinab. Doch das Licht half nicht noch einmal, und so stürzte er in den Tod. Das Licht hat man übrigens nie mehr gesehen. Die Gegend, wo sich diese Sage zutrug, heißt seitdem Rehberger Klippe. Ja, und so wird es immer sein: Wer zuviel riskiert, der setzt seine Gesundheit, schlimmstenfalls sein Leben aufs Spiel. Und wenn man an besagten Klippen entlangradelt, sollte man vielleicht darüber nachdenken, daß man bei allzuviel Risikobereitschaft auch andere gefährden kann. Wildes Herumbolzen in Wald und Flur ist out, und wer das noch nicht verstanden hat, dem sollte es bei jeder Gelegenheit gesagt werden.

STRECKENPROFIL

Gesamtstrecke: 27,2 km
Reine Fahrzeit: 2,31 h
Anstiege: 610 Höhenmeter
Schwierigkeit: Mittel mit schwerem Trialabschnitt

Man startet am Oderhaus und fährt auf asphaltiertem Forstweg talaufwärts. Am Waldgasthaus Rinderstall geht es dann auf Schotterweg hinauf in Richtung „Hahnenkleeklippen". Hier muß man auch wieder mit Teerbelag, zumindest teilweise, vorliebnehmen. Nachdem man am Königskrug die B 4 überquert hat, führt ein geschotterter Forstweg zur Achtermannshöhe. Wegen der Aussicht lohnt auch hier ein Abstecher zur Klippe. Der weitere Weg nach Oderbrück wird nun extrem schwierig. Felsen und Schlamm kombinieren sich zu einem Traum für Trialfreaks und zu einem Alptraum für die, die mit falscher Technik und falschem Material unterwegs sind. Anschließend bietet sich dann sofort die Möglichkeit des Einkehrens, im Gasthaus Oderbrück sind Biker sehr willkommen. Weiter geht es dann in Richtung Oderteich, und es folgt ein Stück auf geschottertem Rehberger Grabenweg. Jetzt biegt man in den Rudolf-Meier-Weg ein und strebt wiederum auf etwas schwierigerem Trialpfad bergauf. Bald fährt man auf dem Rehberger Planweg weiter und genießt eine tolle Sicht über das Odertal und zum Brocken. Die Abfahrt beginnt wieder mit einem wurzelgespickten Pfad, der es in sich hat und ein gutes Gleichgewichtsgefühl voraussetzt. Dann geht es am Kellwasser entlang hinab ins Tal – ein Sause-Downhill auf Schotterweg. Bald fährt man dann wieder auf dem von Beginn der Tour bekannten geteerten Weg zurück zum Ausgangspunkt. Alles in allem hat man es mit einer leichten Tour zu tun, die allerdings mehrere schwierigere Abschnitte hat und auch einen Part, der sehr schwer ist.

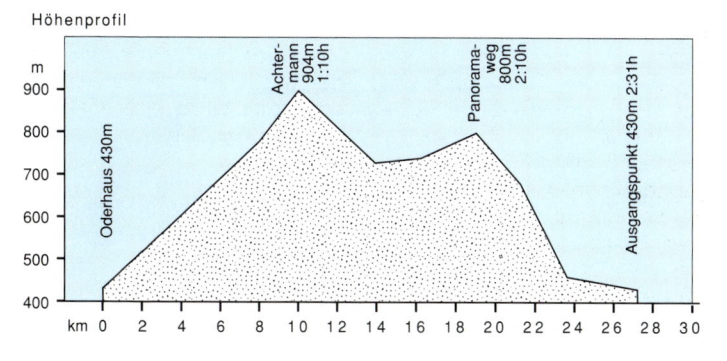

Höhenprofil

21 *TOLLES ODERTAL*

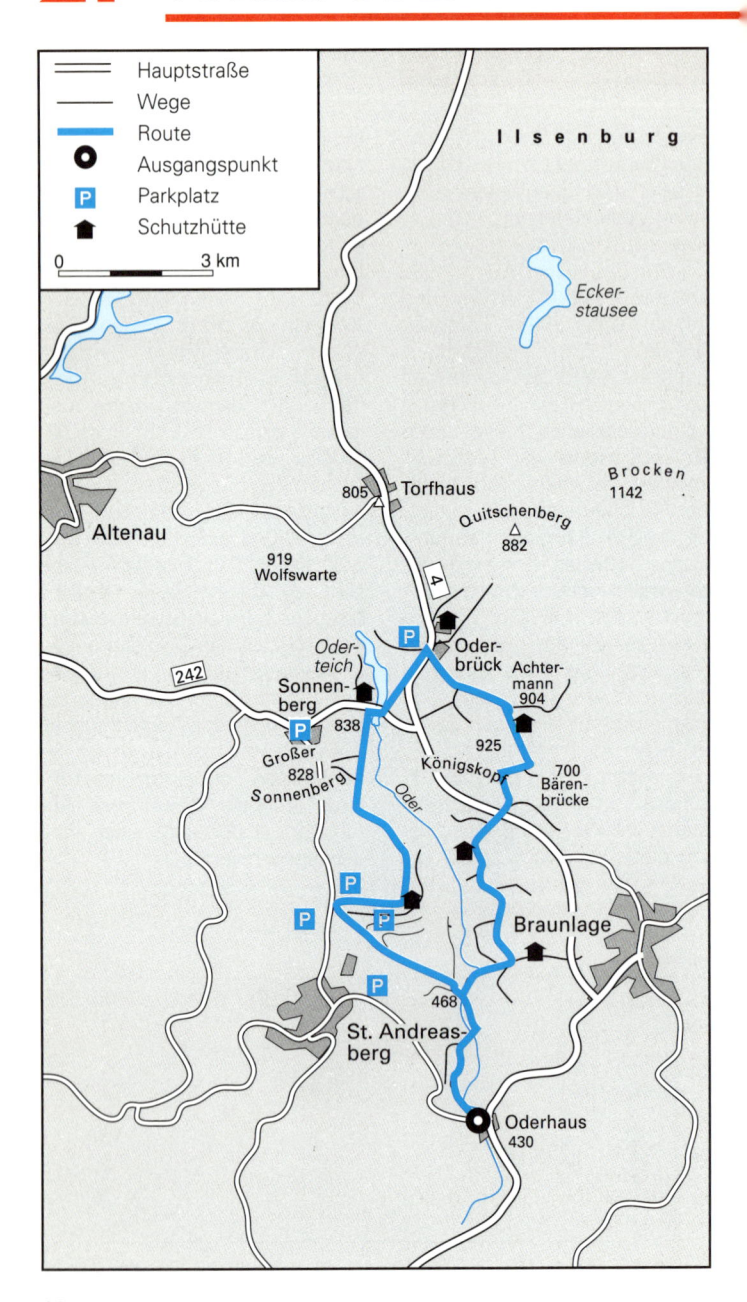

TOURCHECK

km 0,0 Zwischen Bad Lauterberg und Braunlage zweigt am Oderhaus die Landstraße nach St. Andreasberg ab, hier links, dann sofort rechts und auf dem Wanderparkplatz mit dem Bike in Richtung „Rinderstall" starten.

2,3 Nahe dem Gasthaus zweigen in kurzer Folge zwei Wege rechts ab. Man wählt den zweiten und folgt nun bergauf der Wegweisung zum „Königskrug".

5,5 Links abbiegen und weiter auf geteertem Forstweg in die angegebene Richtung.

6,5 Hier kann man links abbiegen und einen Abstecher zu den Hahnenkleeklippen machen, was sich vor allem wegen der Aussicht lohnt.

8,0 Am Königskrug überquert man die B 4 und hält sich links zum „Achtermann".

8,5 Man biegt rechts ab, nach 600 m fährt man geradeaus auf dem Moorweg weiter.

9,9 Nahe dem Gipfel des Achtermanns (200 m) fährt man jetzt auf dem Wanderweg 31 k (blaues Dreieck) weiter zum Gasthaus Oderbrück.

10,3 Links halten, nach 400 m nochmals links und weiter auf dem Kaiserweg.

12,1 In Oderbrück die B 4 queren und dann links halten. Nun auf dem markierten Weg 9c (blaues Rechteck) zum „Oderteich".

13,9 Am Ende der Staumauer nach links die Landstraße queren und dann erst einmal ein Stück weiter auf dem Rehberger Grabenweg.

15,2 Jetzt rechts abbiegen und weiter auf dem Rudolf-Meier-Weg (gelbes Dreieck).

16,2 Man erreicht den Rehberger Planweg, hier links in Richtung „Hohe Klippen".

20,5 Nach tollem Panoramaweg stößt man nahe dem Haus Sonnenberg auf einen Wanderweg, auf diesem nach links weiter in Richtung „Rehberger Graben". Nach 400 m etwas rechts halten.

21,1 Nun hart links und auf Teer bis zum Graben, hier quasi geradeaus auf der sogenannten Lochstraße am Kellwasser entlang bergab ins Odertal.

23,8 Bis hierher immer geradeaus, dann rechts und auf Forststraße durchs Odertal leicht bergab.

25,3 Hier geradeaus weiter und weiter talabwärts in Richtung „Oderhaus".

27,2 Fährt man immer geradeaus, dann erreicht man wieder den Ausgangspunkt.

22 NORDHARZER

ALLGEMEINES

Es zischt und dampft und pfeift, man glaubt fast, die Zeit wäre stehengeblieben. Dampfrösser rollen auf Schmalspurgleisen seit dem letzten Jahrhundert durch den Harz. Von Wernigerode nach Nordhausen führt die Trasse der Harzquerbahn, in Drei Annen Hohne zweigt ein Gleis über Schierke zum Brocken ab, und eine weitere wichtige Strecke verläuft von Ilfeld durch das Selketal bis nach Gernrode. Zugegeben, sieht man den Qualm der Dampfloks, dann wird einem angst und bange, doch seien wir ehrlich, das meiste ist eh Wasserdampf, und ein Relikt von Anno dazumal können wir uns wirklich leisten. Das sahen einige militante Umweltschützer, als die Brockenbahn wieder ihren Betrieb aufnehmen sollte, ganz anders. Sie protestierten laut und versuchten außerdem, per Gerichtsbeschluß eine Einstellung des Verkehrs zu erreichen. Als dann der erste fahrplanmäßige Zug die Trasse am Goetheweg hinaufrollte, da gab es sogar eine Bombendrohung. Am gleichen Tag waren natürlich Fernsehen und Rundfunk auf dem „Blocksberg" und berichteten über die Wiedereröffnung des Bahnhofs und der Strecke. Schade ist nur, daß diejenigen, die sich gegen die Wiedereröffnung gestellt hatten, allesamt mit Benzinkarossen heraufgefahren waren. Da wäre die Harzer Schmalspurbahn doch sinnvoller gewesen.

OCKENTOUR

STRECKENPROFIL

Gesamtstrecke: 50,4 km
Reine Fahrzeit: 3,35 h
Anstiege: 1210 Höhenmeter
Schwierigkeit: Mittelschwer

Es beginnt mit einem knackigen Anstieg hinauf zum sagenumwobenen Ilsestein, danach folgt ein recht interessanter Weg bis zur Plessenburg. Der weitere Weg in Richtung „Steinerne Renne" führt über Schotter. Wem das dann alles zu langweilig wird, der kann ja ab der Renne die Alternativstrecke befahren. Allerdings muß man wegen der vielen Spaziergänger ganz schön vorsichtig sein und häufig absteigen. Ab dem Bahnhof wird's dann toll, fast immer geht es an den Schmalspurgleisen entlang ständig bergauf. Zwischendurch ist auch eine kurze Tragestrecke zu bewältigen. Von Drei Annen nach Hohne bleibt es interessant, ein schmaler Weg bringt viel Fahrvergnügen. Der Glashüttenweg führt dann zur geteerten Brockenchaussee, auf der man zum Gipfel gelangt. Mitunter herrschen hier chaotische Zustände, denn die Straße ist häufig übervoll, so daß gescheites Radeln kaum möglich ist. Am Gipfel erwarten einen dann ebenfalls volksfestähnliche Zustände. Die Abfahrt muß man nicht mögen, denn die alten Grenzplatten sind nicht jedermanns Sache. Beton mit Längsrillen, in die genau ein Pneu paßt, na denn! Der Rest der Tour wird wieder naturnaher. Man hat seine Ruhe und genießt das Ilsetal. Fazit: Jeder will zum Brocken, daher diese Tourenbeschreibung. Außer bei wirklich (!) schlechtem Wetter muß man fast davon abraten. Aber jedem nach seinem Gusto. Bleibt als Trost nur zu sagen: Leute, es gibt im Harz unzählig viele Kilometer traumhafter Trails. Dem „Team Harzer Roller" reicht es jedenfalls, den Brocken aus der Ferne zu betrachten. Wie wär's mit der Schalke oder der Wolfswarte? Alles in diesem Buch.

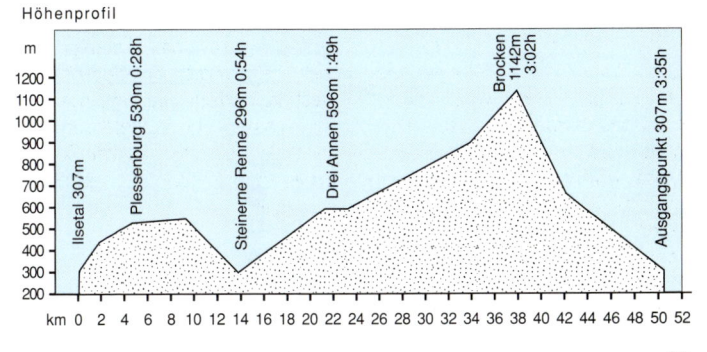

Höhenprofil

22 NORDHARZER BROCKEN

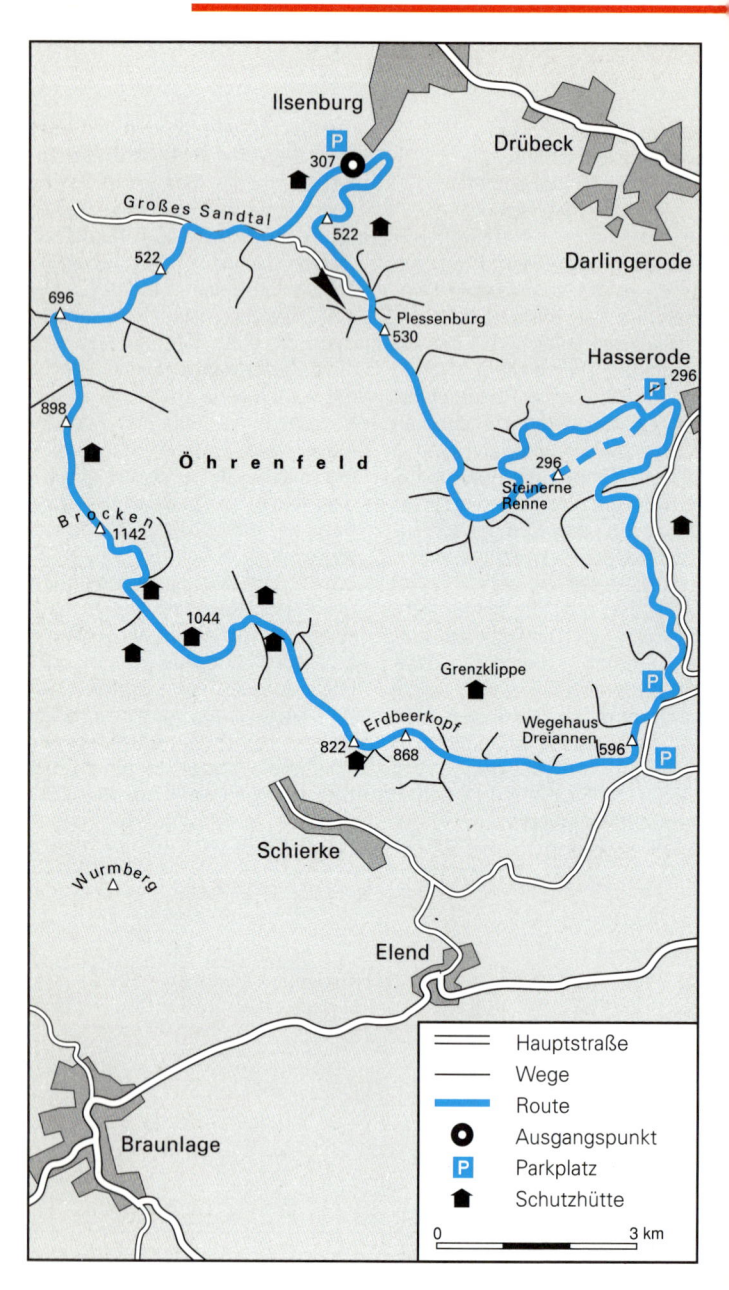

TOURCHECK

km 0,0 Südlich von Ilsenburg liegt im Ilsetal der Parkplatz am Hinweisschild „Gasthaus Ilsestein". Ab hier radelt man ein kurzes Stück talaufwärts, biegt dann links ab und folgt der Wegweisung zum Gasthaus. Nach ca. 700 m rechts, bald am Gasthaus vorbei, weiter in Richtung „Paternosterklippen".

2,1 Jetzt rechts weiter auf schmalem Pfad, nach 300 m erreicht man eine Wegkreuzung, hier geradeaus.

4,3 Erst geradeaus, dann bald rechts ab und bergauf bis zum Gasthaus „Plessenburg". Weiter geradeaus, dann am Forsthaus etwas rechts halten in Richtung „Steinerne Renne".

7,6 Etwas links halten, nach 600 m rechts und nach weiteren 500 m nochmals rechts.

9,1 Am Forsthaus „Hanneckenbruch" geradeaus.

9,7 Nahe der „Steinernen Renne" auch geradeaus, nach 800 m kommt man an einen Wegestein, hier rechts bergab. Alternative: Biegt man bei km 9,7 rechts ab, dann kann man ab dem Gasthaus auf schwerem Trialpfad bergab fahren. Allerdings hat man es hier mit sehr vielen Spaziergängern zu tun.

13,6 Man erreicht den Bahnhof „Steinerne Renne", jetzt parallel zu den Gleisen wieder bergauf in Richtung „Drei Annen".

17,6 Rechts und gleich wieder links.

21,1 Am Gasthaus Drei Annen rechts halten und auf markiertem Weg zum Bahnhof Hohne.

23,1 Nahe dem Bahnhof rechts. Man folgt dem Glashüttenweg mit der Markierung „rotes Rechteck" in Richtung „Erdbeerkopf".

25,9 Jetzt links halten, weiter Richtung „Spinne".

28,4 Weiter auf dem Glashüttenweg in Richtung „Brocken".

33,8 Man erreicht die Brockenchaussee, auf ihr jetzt bergauf.

37,8 Man kommt zum Gipfel, fährt erst geradeaus bis zum Fernsehturm, dann rechts an ihm vorbei und auf den alten Betonplatten bergab in Richtung „Scharfenstein", eine schon von weitem sichtbare Klippenformation.

42,0 An der alten Kaserne der ehemaligen Grenztruppen fährt man nun nach rechts weiter und folgt der Wegweisung in Richtung „Ilsenburg".

43,6 Jetzt links am Tiefenbach entlang.

45,5 Erst rechts, einige Kurbelumdrehungen wieder etwas rechts halten und dann weiter bergab zur Ilse in gleichnamigem Tal.

46,9 Jetzt fährt man talabwärts entlang der Ilse. Als Alternative bietet sich der Heinrich-Heine-Weg an.

48,0 Links, weiter talabwärts.

50,4 Man erreicht wieder den Ausgangspunkt.

23 ZWISCHEN HOH

ALLGEMEINES

Hohegeiß und Braunlage, einst nahe dem Eisernen Vorhang, also quasi am Ende der Welt gelegen, wurden als Urlaubs- und Kurorte auch wegen ihrer Ruhe geschätzt. Damit ist es nun allerdings vorbei, die früher abrupt endenden Straßen führen nun weiter nach Osten und sorgen für bisher unbekannten Durchgangsverkehr. Das hat allerdings der Beliebtheit dieser Gegend keinen Abbruch getan, sondern noch mehr Touristen hierher gebracht. Man mag streiten, ob das nun gut oder schlecht ist, sicher ist nur eines: Je mehr Gäste kommen, desto größer ist natürlich der finanzielle Spielraum, um die Idee eines Naturparks weiter voranzutreiben. Die Vorstellung, daß man hier einen Nationalpark einrichten könnte, geht allerdings ein bißchen zu weit. Kein Baum im Harz ist natürlich gewachsen, man hat es hier mit einer jahrhundertealten Kulturlandschaft zu tun. Da wäre es besser, Biotope zu schützen, die noch in ihrer ursprünglichen Form erhalten geblieben sind. Aber ein Nationalpark schafft, wenn auch unproduktive, Arbeitsplätze, denn es muß ja alles verwaltet werden. Auch ohne einen solchen Park hat sich der Harz, seit der umweltschädliche Bergbau zum Erliegen kam, allerdings prächtig entwickelt. Und das, obwohl oder gerade weil man vom Tourismus lebt.

EISS UND BRAUNLAGE

STRECKENPROFIL

Gesamtstrecke: 32,8 km
Reine Fahrzeit: 2,41 h
Anstiege: 508 Höhenmeter
Schwierigkeit: Mittel

Von dem ehemaligen Grenzort Hohegeiß fährt man ein Stück auf öffentlicher Straße in Richtung Sorge, doch schon bald wartet ein schmaler Weg hinab zum Wolfsbach. Der anschließende Anstieg und die folgende Abfahrt verlaufen über breite Schotterwege. Im Sprakelbachtal beginnt der Anstieg auf einem interessanten Singletrail, später geht es auf Schotterweg bergan zum „Nullpunkt". Man fährt dann über grasige Waldwege, die zwischenzeitlich sehr schmal werden, zum Kaiserweg. Von hier bis Braunlage führt der Weg ein längeres Stück über Schotterpiste. Im Ort selber ist die Strecke geteert. An dem Ramsenweg fährt man dann wieder über Schotterwege, es gibt nur ein kurzes Stück Asphalt in Richtung „Sorge". Nachdem man ein Stück auf der alten Eisenbahntrasse und auf einem Grabenweg entlanggeradelt ist, erreicht man den Ort. Nun geht es wieder auf Forstwegen weiter bis zur alten Grenze. Es folgt ein Stück auf alten Betonplatten in Richtung Hohegeiß. Das letzte Stück dieser nicht allzu schweren Tour führt dann über Bundesstraße zurück zum Ausgangspunkt. Fazit: Wer Lust hat, im ehemaligen Grenzgebiet zu biken, der hat hier einen netten Tourenvorschlag mit Wegen, die eigentlich kein übermäßiges technisches Geschick verlangen. Wer Betonplatten nicht mag, wird übrigens von dem Gerüttel nicht besonders begeistert sein. Wenn man sich aber in Sorge etwas Zeit läßt, dann kann man die Harzer Schmalspurbahn, einen Dampfquirl par excellence, bewundern. Viel Spaß bei dieser interessanten Rundtour um Hohegeiß, Braunlage und Sorge.

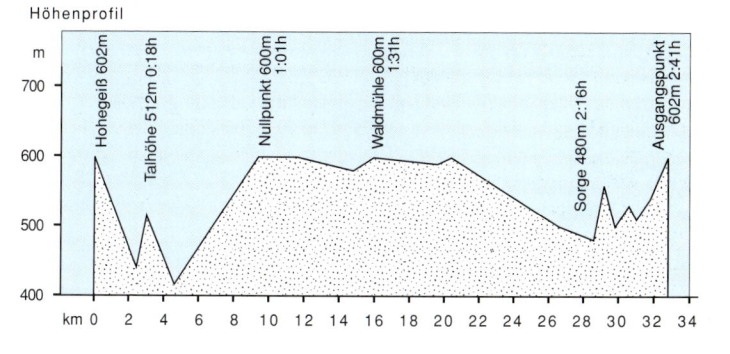

Höhenprofil

23 ZWISCHEN HOHEGEISS

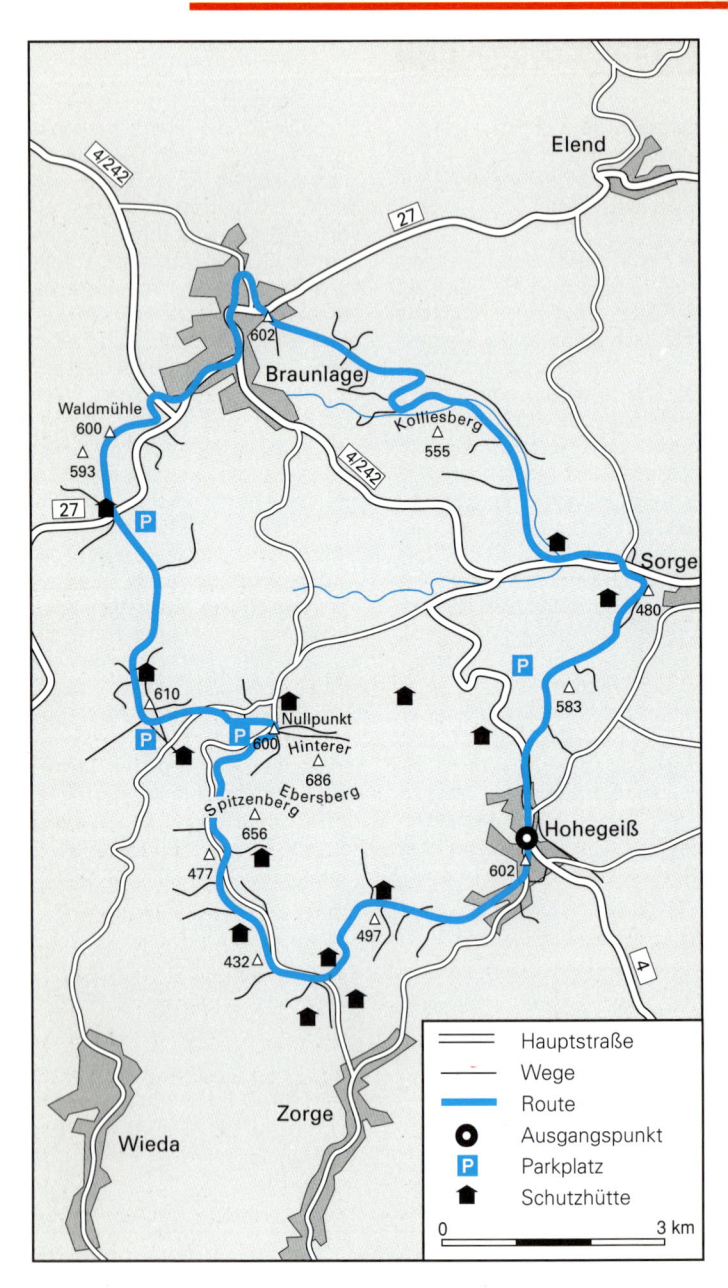

D BRAUNLAGE

TOURCHECK

km 0,0 Start ist in Hohegeiß am Straßenabzweig nach Sorge.

1,3 Landstraße nach rechts in Richtung „Dicke Tannen" verlassen. Nach 100 m geradeaus.

1,5 Scharf rechts, dann auf dem Forstweg 100 m weiter, links halten und auf schmalem Weg bergab zum Wolfsbach.

2,4 Nachdem man den Bach gequert und die Treppe hinter sich gelassen hat, hält man sich erst links und dann rechts bergauf in Richtung „Neuer Teich".

3,0 Man erreicht die Höhe, hier wie auch 100 m weiter geradeaus weiter bergab durchs Brachmannstal.

4,5 Man fährt geradeaus über den Parkplatz bis zur Straße, quert den Sprakelbach via schmale Holzbrücke. Dann rechts auf Pfad bachaufwärts zum „Nullpunkt" (blauer Punkt).

4,8 Geradeaus und 400 m weiter auf Forstweg, dann rechts weiter auf Singletrail.

5,4 Am Parkplatz geradeaus weiter auf „Alte Poststraße".

7,1 Bis hierher geradeaus, dann auf Landstraße bergauf. Bald rechts, über eine Brücke, dann links, bergauf.

9,4 Zweimal links, dann geradeaus über Parkplatz „Nullpunkt" und die Landstraße, weiter auf Waldweg.

10,6 Links auf die Landstraße, dann sofort rechts weiter auf schmalem Trail in Richtung „Braunlage".

11,1 Geradeaus, nach 300 m rechts.

11,5 Man erreicht den Kaiserweg, hier geradeaus weiter.

12,1 Rechts halten.

14,5 Etwas links halten, nach 200 m die B 27 queren und geradeaus weiter in Richtung „Waldmühle".

15,9 An der Wegkreuzung jetzt rechts in Richtung „Braunlage". Bald quert man die B4 per Brücke und radelt dann bergab zur B 27, links halten.

19,5 Man bleibt auf Hauptstraße bis Eisstadion, hier rechts, dann nochmal rechts und über Parkplatz zur B 27.

19,8 Links und auf B 27 bergan, nach 200 m rechts ab.

20,3 Man folgt dem jetzt geschotterten „Ramsenweg" geradeaus.

22,4 An der „Fuchsfarm" scharf rechts und auf Teerweg weiter.

22,9 Links die Bodebrücke queren, dann sofort wieder links und am Flüßchen talabwärts in Richtung „Sorge".

25,7 Bis hierher geradeaus, nun links.

26,7 Kurz vor der B 242 links und auf alter Eisenbahntrasse, jetzt Schotterweg, weiter.

27,9 Man erreicht eine Landstraße, hier rechts, dann die B 242 kreuzen und weiter über die Bodebrücke.

28,1 Links, auf schmalem Weg am Graben Richtung „Raststüble".

28,6 An Gleisen rechts bergauf nach „Hohegeiß" (grüner Punkt).

29,1 Am alten Grenzstreifen links.

29,9 Rechts halten, am Ochsenbach entlang talaufwärts bis zu den Betonplatten der alten Grenze, hier links und auf diesen weiter.

31,9 Rechts auf Schotterweg zur Straße, dort links und auf ihr weiter nach Hohegeiß zum Ausgangspunkt.

24 ZWISCHEN HEXEN

ALLGEMEINES

Im Riesengebirge lebte ein Riese namens Bodo, der partout die Königstochter Emma zu seiner Liebsten machen wollte. Doch die dachte überhaupt nicht daran, ihn zu erhören. Bei einem ihrer vielen Ausritte kreuzte sie dann unglücklicherweise Bodos Weg. Es begann eine wilde Jagd quer durch die Wälder Thüringens, die erst im Harz ihr grausames Ende fand. Genauer gesagt an einem Platz, den man heute als Hexentanzplatz kennt. Hier stand Emma nun und konnte das Tal vor ihr nicht überfliegen; als aber Bodo grimmig heransauste, wagte sie doch den Sprung über das Tal. In den gegenüberliegenden Felsen gruben sich die Hufe ihres Rosses tief in den Felsen, so daß man sie heute noch sehen kann. Dieser Platz heißt seitdem „Roßtrappe".

Bodo aber schaffte den Sprung nicht und stürzte über tausend Fuß in die Tiefe. Dabei verwandelte er sich in einen schwarzen Hund, der bis heute über Emmas goldene Krone wacht, die sie beim Sprung über das Tal verlor. Außerdem bekam so der Fluß seinen Namen: Bode. Was geblieben ist, ist das mitternächtliche dumpfe Hundegeheul, das man immer noch hören kann. Und wer versuchen sollte, die Krone zu bergen, der wird vom Hund sicherlich zerfleischt, so ist es jedenfalls schon einmal geschehen. Also bleibt immer schön auf den Wegen!

NZPLATZ UND ROSSTRAPPE

STRECKENPROFIL

Gesamtstrecke: 19,2 km
Reine Fahrzeit: 1,43 h
Anstiege: 506 Höhenmeter
Schwierigkeit: Schwer

Es beginnt in Thale, einem Ort, der vor 100 Jahren noch als einer der schönsten im ganzen Harz galt. Man fährt auf Serpentinen bergan, dann muß man durch das Steinbachtal weiter, anfangs auf sichtbarem Weg, später nahezu weglos. Hier ist das Tragen des Bikes wohl unumgänglich. Man kommt dann bald am Hexentanzplatz vorbei, logischerweise ist hier immer reichlich Betrieb, Scharen von Fußgängern erfordern hier strikt defensives Radeln. Es geht weiter in Richtung Treseburg, über die Höhen ist man auf einfachen Schotterwegen unterwegs. Dann folgt die Abfahrt ins Bodetal auf dem Rennsteig. Das ist ein felsiger Singletrail, der absolut toll ist. Da die Passage durch das Bodetal über leicht verblockte Wege geht, ist sie ein echter Genuß. Aber auch hier sind oftmals, zumindest am Wochenende, viele Wanderer unterwegs. Am Bodekessel wird's dann schwer. Erst muß man einen steilen Steig hinauf und dann treppenähnliche Formationen wieder runter. Da der Weg eigentlich immer feucht ist, wird das zu einer mitunter rutschigen Angelegenheit. Bei km 17,1 gibt es die Möglichkeit einer Alternative: Wer Lust hat, sein Bike zu tragen, kann auf dem Steig hinauf zur Roßtrappe. Von dort muß man dann allerdings auf öffentlicher Straße zurück zum Ausgangspunkt. Ansonsten fährt man geradeaus weiter durch das Tal, zuletzt auf breiten Schotterwegen. Nachdem man an den Talstationen der Seilbahnen entlanggefahren ist, muß man nur noch die Bode überqueren und ist schon bald zurück am Ausgangspunkt. Alles in allem ist das hier eine schöne Tour in einer Landschaft, wie man sie im Harz eigentlich gar nicht vermutet.

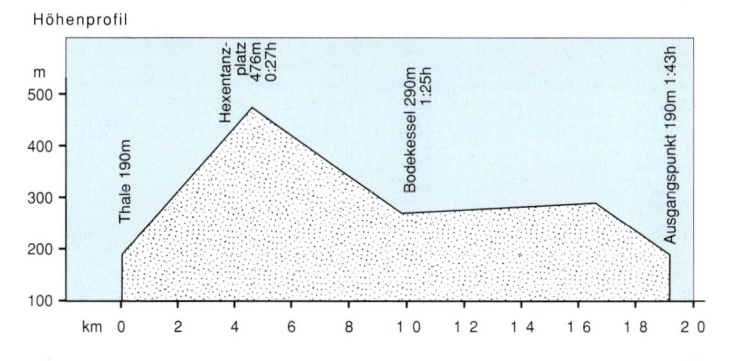

Höhenprofil

24 ZWISCHEN HEXENTANZP

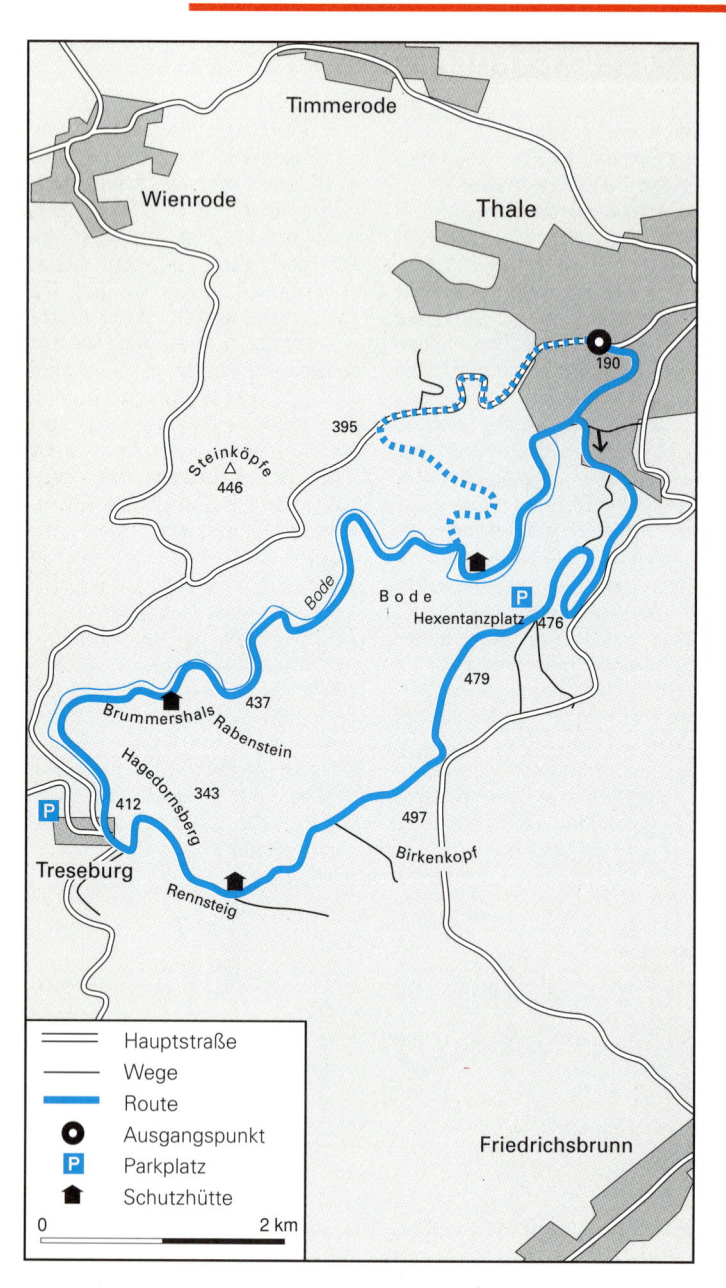

TZ UND ROSSTRAPPE

TOURCHECK

km 0,0 Man fährt nach Thale und folgt der Wegweisung „Hexentanzplatz", biegt aber bald ins Zentrum in Richtung Bahnhof ab. Da der Weg ins Bodetal gesperrt ist, parkt man in der Heimburgstraße. Dieser muß man mit dem Bike dann auch aufwärts folgen. Nach wenigen Metern biegt man rechts ab (rotes Backsteinhaus) und fährt nun weiter auf dem Waldweg, der sich in Serpentinen den Berg hinaufschlängelt.

0,2 Hier scharf links.

0,4 Wiederum scharf links.

0,9 Rechts und weiter bergauf.

1,0 Erst geradeaus, dann die Brücke überqueren und jetzt weiter dem Steinbach bergauf folgen. Da man bald durch nahezu wegloses Gelände muß, dient nur der Bach als Orientierung.

2,1 Man kraxelt nun zur Straße hinauf und fährt auf dieser talaufwärts.

2,3 Nun rechts abbiegen und weiter in Richtung „Bergtheater" radeln. Hier hält man sich links und fährt an der Bergstation der Gondelseilbahn entlang. Dann rechts halten.

4,5 Man erreicht den Hexentanzplatz, diesen rechts liegen lassen. Man radelt weiter in Richtung Treseburg (Markierung roter Punkt).

7,8 Man erreicht eine Schutzhütte, hier rechts halten.

8,5 Jetzt links ab und über den Rennsteig abwärts in Richtung „Treseburg".

9,8 Geradeaus weiter.

9,9 Jetzt rechts abbiegen und weiter durch das Bodetal in Richtung „Thale". Es geht nun trialmäßig auf und ab in prachtvoller Landschaft immer am Fluß entlang (Markierung blaues Dreieck).

16,6 Am sogenannten Bodekessel fährt man erst steil bergan und dann auf Treppen wieder hinab. Bald überquert man eine Brücke. Es geht weiter an der Bode entlang talabwärts.

17,1 Alternative: Wem das alles zu lasch war und wer unbedingt zur Roßtrappe möchte, biegt hier nach links ab. Nun geht es über einen Steig in Richtung „Schurre" steil bergan. Ansonsten führte die Tour weiter in Richtung „Thale".

18,9 An der Talstation der Seilbahn hält man sich rechts, dann überquert man zum letzten Mal die Bode und fährt zurück zum Ausgangspunkt.

25 FAMILYTOUR SE

ALLGEMEINES

Wer kennt ihn schon, den Schäfer Tidian? Dabei fand er die sagenhafte Wunderblume im Selketal. Als er sie pflückte, öffnete sich eine Grotte, deren Boden mit Goldsand allerbester Qualität bedeckt war. Eine Stimme animierte ihn, soviel Gold zu nehmen, wie er wünsche. Da er heiraten wollte, den Eltern seines Mädels aber zu ärmlich war, stopfte er sich die Taschen voll. Das edle Metall verkaufte er für viel Geld dem Goldschmied in Ballenstedt, und da die Höhle sich jeden Neumond wieder öffnete, brachte er es zu Wohlstand. Als der Graf von Falkenstein davon hörte, ließ er den Schäfer vorführen, rang diesem sein Geheimnis ab und füllte von nun an selbst seine leeren Kassen. Um zu verhindern, daß der Schäfer das Geheimnis verriet, ließ er ihn auf grausame Art blenden. Als der gräfliche Schuft das nächste Mal die Grotte betrat, da verfluchte ihn die Stimme, die Grotte schloß sich für immer und ließ den Grafen nicht mehr heraus. Der Schäfer bekam trotzdem seine Braut. Diese ging am nächsten Johannistag zur Grotte und fand die Wunderblume wieder. Damit strich sie ihrem Gatten über die Augen. Das nächste Wunder geschah, und so erhielt er sein Augenlicht zurück. Und so lebten sie glücklich und zufrieden, und wenn sie nicht gestorben sind . . .

STRECKENPROFIL

Gesamtstrecke: 29,2 km
Reine Fahrzeit: 1,37 h
Anstiege: 512 Höhenmeter
Schwierigkeit: Leicht

Zuerst radelt man von Gernrode am Harzrand entlang nach Ballenstedt. Diese Strecke führt über Forst- und Wirtschaftswege, die meistens geschottert sind. Die anschließende Durchquerung des Schloßgartens von Ballenstedt nimmt man besser zu Fuß vor, da hier Radeln verboten ist. Ein entsprechendes Schild hat man am Eingang aufgestellt. Nachdem man nun ein ganzes Stück am nördlichen Rand des Unterharzes gefahren ist, biegt man ab in Richtung Selketal. Auch hier bestehen die Wegoberflächen bis kurz vor der Abfahrt ins Tal aus Schotter. Der Kutschenweg ist dann ein recht interessanter Waldweg, der bei Nässe rutschig ist. Durchs Selketal fährt man dann leider auf Teer flußaufwärts. Zu allem Überfluß ist die Straße auch für den öffentlichen Verkehr freigegeben. Allerdings hält sich das Verkehrsaufkommen in Grenzen. In Mägdesprung verläßt man wieder die Straße. Nun geht es durch das Krebsbachtal auf recht holprigem, mit Ziegelsteinen garniertem Weg durch das Ramberggebiet zum Bremer Teich, wo man auch den höchsten Punkt dieser Tour erreicht. Es folgt die Abfahrt zurück nach Gernrode, die an zwei Teichen vorbei zum Ausgangspunkt zurückführt. Fazit: Abgesehen von den recht zerfurchten Wegen ist dies eine leichte Familientour, die sanft up and down führt. Es sind keine schwierigen Strecken zu meistern, und auch der Anspruch an die Kondition ist nicht groß. Viel Spaß bei diesem Ausflug, und wem die Wegstrecke zu leicht erscheint, der sollte mal überlegen, ob er nicht dadurch entschädigt wird, daß er mit der ganzen Familie einen abwechslungsreichen Tag verbringt.

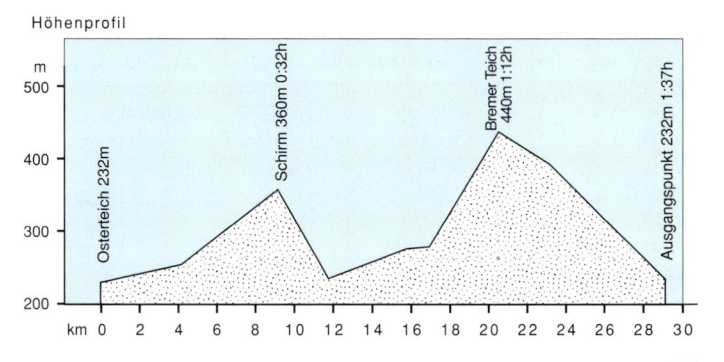

Höhenprofil

25 FAMILYTOUR SELKETAL

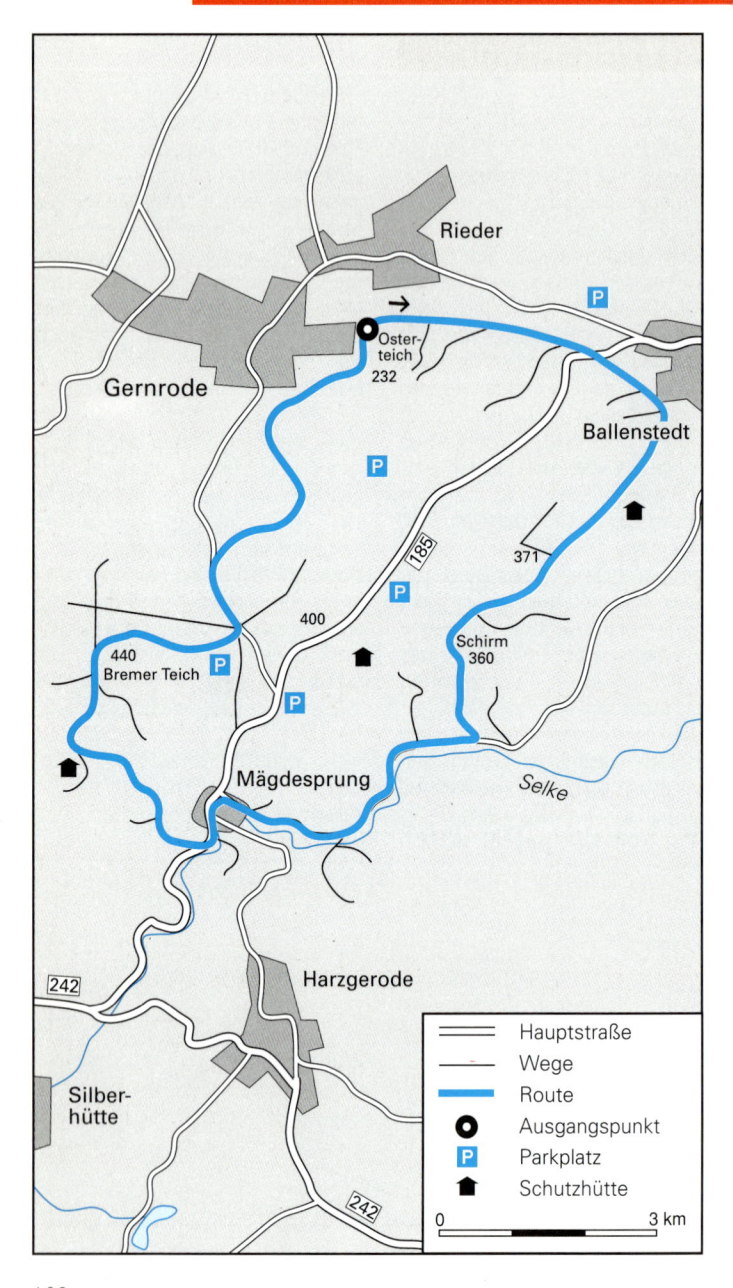

TOURCHECK

km 0,0 In Gemrode folgt man der Osterallee bzw. den Hinweisschildern bis zum Parkplatz Osterteich, hier ist der Ausgangspunkt dieser Tour. Man radelt nun gen Osten und folgt den Hinweisschildern in Richtung „Ballenstedt".

1,2 Weiter geradeaus.

2,2 Man überquert die Landstraße und fährt geradeaus weiter auf dem Fürstenweg. Es gilt immer noch die Richtung „Ballenstedt".

3,1 Weiter geradeaus.

3,6 Man kreuzt die B 185, es geht geradeaus weiter.

4,1 An einer Wandertafel erreicht man den Schloßgarten, diesen durchqueren. Man beachte ab jetzt die Wegweisung „Selketal".

4,8 Links abbiegen.

4,9 Jetzt rechts weiter in angegebener Richtung.

5,1 Weiter geradeaus.

5,4 Auch hier hält man sich geradeaus.

6,3 Nochmals geradeaus, weiter in Richtung „Schirm".

6,9 Es geht, wie kann es anders sein, weiter geradeaus.

7,5 Immer noch geradeaus weiter auf dem Forstweg.

8,2 Geradeaus.

9,1 Am „Schirm" biegt man auf den zweiten Weg nach links ab, Wegweisung „Selketal" beachten.

10,7 Man biegt nun auf den Kutschenweg ab.

11,7 Man erreicht die leider geteerte Selketalstraße, biegt hier rechts ab und fährt nun an der Selke entlang flußaufwärts in Richtung „Mägdesprung".

15,8 In Mägdesprung erreicht man die B 185, hier biegt man links ab und fährt zunächst weiter in Richtung „Alexisbad".

16,9 Nun die stark befahrene Straße wieder verlassen und nach rechts abbiegen. Man quert die Gleise der Schmalspurbahn und fährt talaufwärts durch das Krebsbachtal in Richtung „Bremer Teich" auf Forstwegen, die einen durchaus holprigen und kräftezehrenden Untergrund aufweisen.

18,2 Hier geradeaus weiter.

19,2 An der Schutzhütte hält man sich rechts.

20,5 Rechts abbiegen und vorbei an Datschen, Campingplatz und Bremer Teich.

21,2 Rechts abbiegen (Markierung grünes Kreuz), Forstschranke passieren und weiter in Richtung Sternhaus.

22,5 Man überquert die Gleise der Selketalbahn, geradeaus weiter.

23,1 Am Sternhaus biegt man links ab und fährt auf der Landstraße weiter in Richtung Gemrode.

24,0 Kurz bevor man wieder die Gleise der Schmalspurbahn erreicht, biegt man rechts ab und fährt nun durchs Wellbachtal, vorbei am Heiligenteich und am Osterteich zurück zum Ausgangspunkt.

26/27/28

ALLGEMEINES

Drei Tage kreuz und quer durch den Harz, das ist schon eine Herausforderung. Wer sich Gesamtkilometer und Anstiege vor Augen führt, dem wird das alles vorkommen wie ein etwas kleineres Cristalp. Und eines ist klar: Man muß sich auf solch eine Strecke auch vorbereiten, dazu gehören Fahrtechniktraining und auch Kondition. Des weiteren braucht man natürlich auch diverses Werkzeug und Ersatzteile. Ganz wichtig: Schläuche! Und, sorry, was nützen die schönsten und besten Schläuche, wenn man keine Luftpumpe mit sich führt. Auf die möglichen Schäden am Rad, die eine Traumtour zu einem Alptraum machen können, sollte man natürlich bestens vorbereitet sein. Wohl dem, der in der Lage ist, die nötigen Reparaturen selbst durchzuführen. Übrigens ist die Strecke so gewählt, daß man auch gut übernachten kann. Im Hotel Oderbrück (Tel. 05520/656) sorgen nette, bikerfreundliche Wirtsleute für einen angenehmen Aufenthalt. Darüber hinaus finden Biker im Harz-Hotel zur Tanne (Tel. 05522/4044) in Osterode eine komplette Werkstatt vor. Außerdem gibt es hier die gängigsten Bikeparts als Ersatzteile. So, dann kann ja eigentlich nichts mehr schiefgehen. Auf geht's zu einer Erlebnistour durch Hochharz und Oberharz mit phantastischen Aussichten, tollen Wegen und netten Leuten.

DREI TAGE IM HARZ

STRECKENPROFIL

Gesamtstrecke: 171,6 km
Reine Fahrzeit: 11,28 h
Anstiege: 3416 Höhenmeter
Schwierigkeit: Schwere Mehrtagestour

Es beginnt am Wanderparkplatz im Eckertal. Zunächst fährt man auf Teerweg, dann auf Schotterwegen in Richtung Ilsenburg gemächlich auf und ab; sozusagen zum Warmfahren. Im Ilsetal beginnt ein mittlerer Anstieg über die Höhen bis Hanneckenbruch. Die Abfahrt zum Bahnhof Steinerne Renne ist auf dem Forstweg leicht und auf dem Wanderpfad sehr schwer. Man fährt nun bergan zum Brocken, hierbei sammelt man reichlich Höhenmeter, bevor es über den Goethe- und den Kaiserweg nach Oderbrück geht, wo die erste Etappe endet. Der zweite Tag führt über Oderteich und Rehberger Graben nach St. Andreasberg-Jordanshöhe. Es folgt ein toller Downhill zum Sieberpaß. Danach fährt man über die Aschenthalbe zum Knollen. Die anschließende Abfahrt ist ein Singletrail nach Bad Lauterberg. Nun geht es noch up and down bis Herzberg, wo dann der lange Anstieg zum Acker folgt. Die letzte Abfahrt für diesen Tag endet in Osterode. Etappe drei führt von diesem Ort einmal quer über den Harz zurück nach Eckertal. Fazit: Die gewählten Wege sind abwechslungsreich, von Teer bis Trial kommt eigentlich alles vor. Es sind auch Strecken dabei, die Schieben oder auch Tragen notwendig machen. So ist diese Tour insgesamt als sehr schwer einzustufen. Bleibt zu hoffen, daß sich niemand übernimmt.

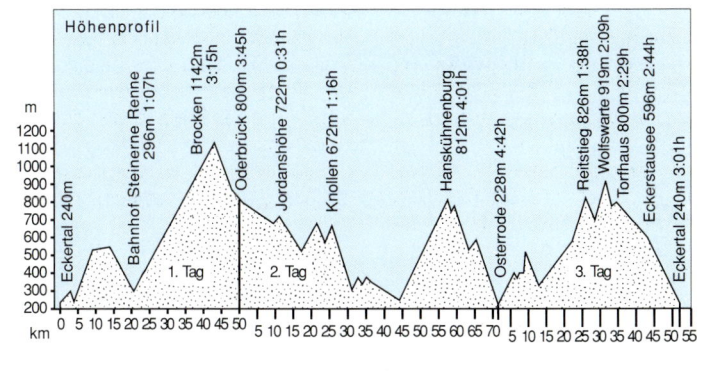

26 VON ECKERTAL NACH OD

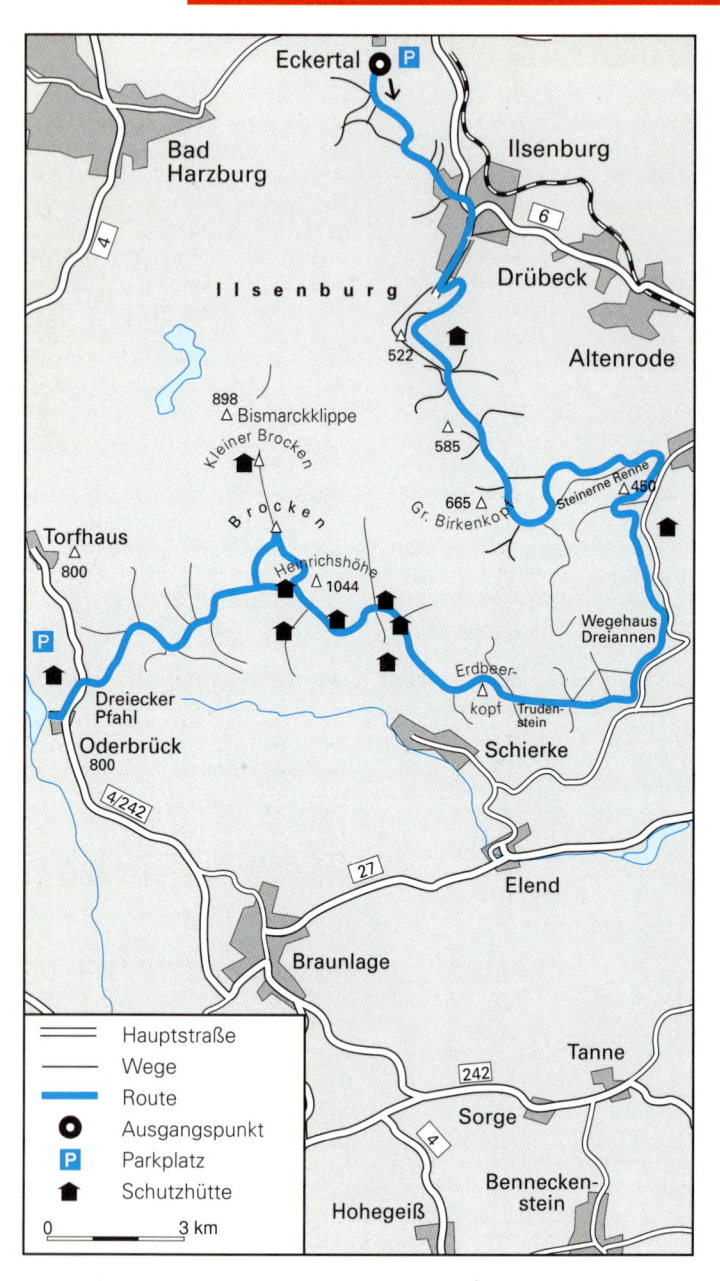

	Hauptstraße
	Wege
	Route
O	Ausgangspunkt
P	Parkplatz
⌂	Schutzhütte

0   3 km

BRÜCK

TOURCHECK

km 0,0 Start ist der Parkplatz Eckertal, der südlich der B 6 Harzburg – Ilsenburg liegt. Ab hier talaufwärts.

0,9 Geteerten Weg nach links verlassen, weiter auf dem ausgeschilderten Fernwanderweg Richtung Ilsenburg (km 2,5 quasi geradeaus, km 2,9 rechts bergauf).

3,8 In Ilsenburg links halten, dann am Teich entlang.

4,3 An der Hirschapotheke links und bald wieder rechts, jetzt den Hinweisen ins Ilsetal folgen.

4,9 Südlich von Ilsenburg liegt im Ilsetal am Hinweisschild „Gasthaus Ilsestein" ein Parkplatz. Ab hier radelt man ein kurzes Stück talaufwärts, biegt dann links ab und folgt der Wegweisung zum Gasthaus. Nach ca. 700 m rechts, bald am Gasthaus vorbei, weiter in Richtung „Paternosterklippen".

6,4 Jetzt rechts weiter auf schmalem Pfad, nach 300 m erreicht man eine Wegkreuzung, hier geradeaus.

8,6 Erst geradeaus, dann bald rechts ab und bergauf bis zum Gasthaus Plessenburg. Wieder geradeaus, am Forsthaus etwas rechts halten in Richtung „Steinerne Renne".

11,9 Etwas links halten, nach 600 m rechts und nach weiteren 500 m nochmals rechts.

13,4 Am Forsthaus Hanneckenbruch geradeaus.

14,0 Nahe der „Steinernen Renne" auch geradeaus, nach 800 m kommt man an einen Wegestein, hier rechts bergab. Alternative: Biegt man bei km 9,7 rechts ab, dann kann man ab dem Gasthaus auf schwerem Trialpfad bergab fahren. Allerdings hat man es hier mit sehr vielen Spaziergängern zu tun.

17,9 Man erreicht den Bahnhof Steinerne Renne, jetzt parallel zu den Gleisen wieder bergauf in Richtung „Drei Annen".

21,9 Rechts und gleich wieder links.

25,4 Am Gasthaus Drei Annen rechts halten und auf markiertem Weg zum Bahnhof Hohne.

27,4 Nahe dem Bahnhof rechts. Man folgt dem Glashüttenweg mit der Markierung rotes Rechteck in Richtung „Erdbeerkopf".

30,2 Jetzt links halten, weiter Richtung „Spinne".

32,7 Weiter auf dem Glashüttenweg in Richtung „Brocken".

38,1 Man erreicht die Brockenchaussee, auf ihr jetzt bergauf.

42,1 Man erreicht den Gipfel, fährt dann auf Straße ein Stück zurück.

43,6 Wo die Brockenbahn zum ersten Mal die Straße quert, biegt man rechts in den Goetheweg ein, nun geht es erst einmal parallel zur Eisenbahnstrecke bergab.

46,0 Rechts halten und auf grausigen Betonplatten an der Landesgrenze entlang.

46,9 Erst rechts, dann am „Dreieckigen Pfahl" geradeaus.

48,1 Links abbiegen und auf sumpfigem Kaiserweg nach „Oderbrück" (km 49,9).

27 VON ODERBRÜCK NACH

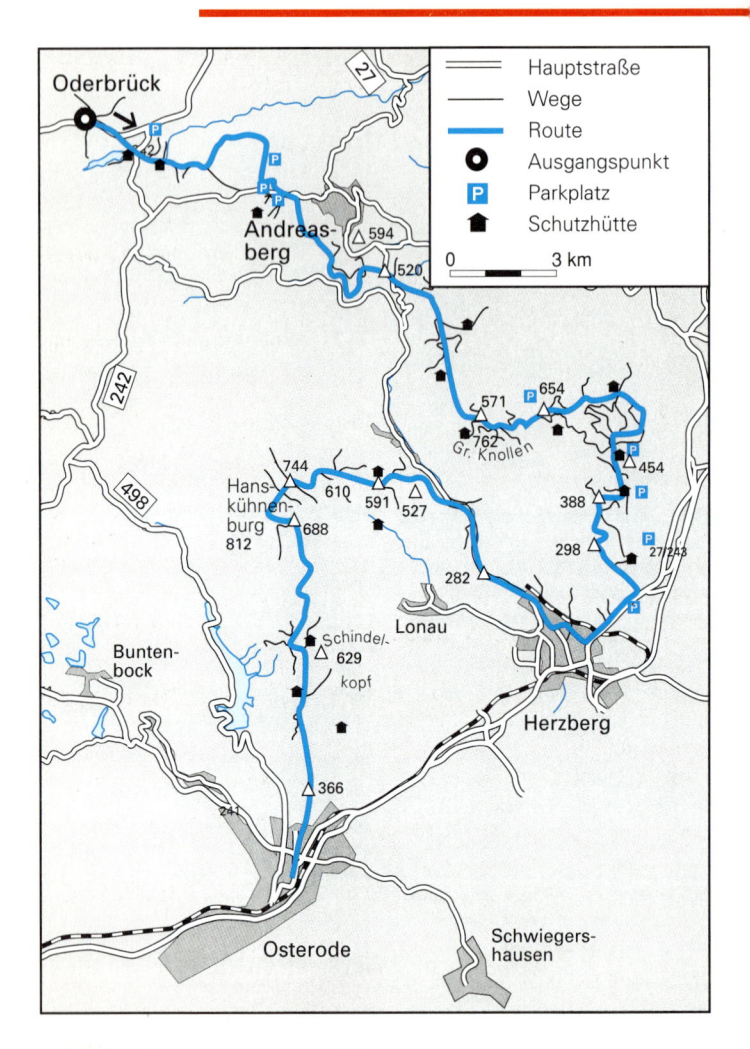

TOURCHECK

km 0,0 Ab Oderbrück weiter nach Süden auf dem Wanderweg 9 c.

2,1 Am Oderteich die Staumauer queren, links abbiegen, weiter auf dem Rehberger Grabenweg.

8,2 Am Grabenhaus geradeaus, nun auf Teer zur Landstraße. Diese queren und über Parkplatz links zur „Jordanshöhe".

10,0 Hier rechts zum Bergbauern-

OSTERODE

hof, dort links, nach 1,5 km rechts zum „Treibholz". Hier rechts zum „Sieberberg".

16,0 Straße überqueren, dann rechts in Richtung „Knollen". Km 16,3 rechts, km 17,2 geradeaus, km 18,5 nach rechts.

19,1 Rechts, nach 600 m links, bei km 19,9 rechts halten.

22,5 An der Köte geradeaus, nach 800 m links zum „Knollen".

24,3 Am Gipfel 200 m retour, rechts weiter auf Trialpfad.

24,7 Forstweg queren, 300 m weiter rechts auf Singletrail.

25,4 Geradeaus, nach 1400 m rechts.

27,4 An der Köte links, in Richtung „Bad Lauterberg".

28,7 Rechts ab auf Forstweg, dann weiter ins Heibeekstal. Hier rechts abbiegen, bald weiter auf Schotterweg.

30,1 Jetzt links ab nach „Himmelshöhe" und auf schmalem Weg bergauf. Nach 600 m rechts ab.

31,3 Rechts, weiter bergauf. Nach 200 m im 90°-Winkel links abbiegen, auf schmalem Weg bergab. Nach 100 m links.

32,1 Rechts ab und auf Teer bergan durchs Andreasbachtal. Bei der Wildfütterung dann links.

33,5 Am Schweineplatz links, dann sofort wieder rechts.

35,0 Im Bremketal scharf rechts, Brücke queren und geradeaus. Nun wieder bergauf (geradeaus).

36,0 Am „grünen Stern" erst geradeaus, dann halb links bergab.

37,4 Im Eichelnsgraben hart links und bachabwärts fahren.

38,8 Bach überqueren, dann am Bachlauf talabwärts.

39,9 Ab jetzt auf geteertem Weg weiter geradeaus.

41,0 Man erreicht die alte Herzberger Straße, rechts abbiegen.

43,1 In Herzberg rechts ab, weiter auf Juesholzstraße.

44,5 Geradeaus an Papierfabrik entlang, dann links, Brücke queren, rechts und links weiter durch ein Holztor. Nun weiter auf schmalem Wanderpfad. Nach 800 m und 1500 m jeweils Forstweg queren, links und sofort rechts weiter.

48,6 Am „Paradies" links auf Schotter bergauf. Km 52,7 etwas links weiter. Dann geradeaus zur „Hanskühnenburg".

55,6 Rechts und auf geteerter Kirchtalstraße bergauf.

57,2 Am „Teilungspfahl" geradeaus zur „Hanskühnenburg".

57,8 An der Baude links, dann rechts herum zum „Grünen Platz".

58,5 Dort links, nach 900 m geradeaus.

63,5 In der Schacht geradeaus und bergan. Nach 400 m links.

65,3 Nahe der Ackerquellhütte rechts und bergab.

66,1 Rechts ab, an der Feenhöer Köte geradeaus vorbei. Am größeren Platz links und auf dem „Nassen Weg" Richtung „Osterode". Bei der nächsten Wegkreuzung links, danach immer geradeaus.

70,2 Am Osteroder Krankenhaus fährt man erst links und dann sofort rechts. Man fährt auf Teerstraße bergab nach Osterode (km 71,6).

28 VON OSTERODE NACH E

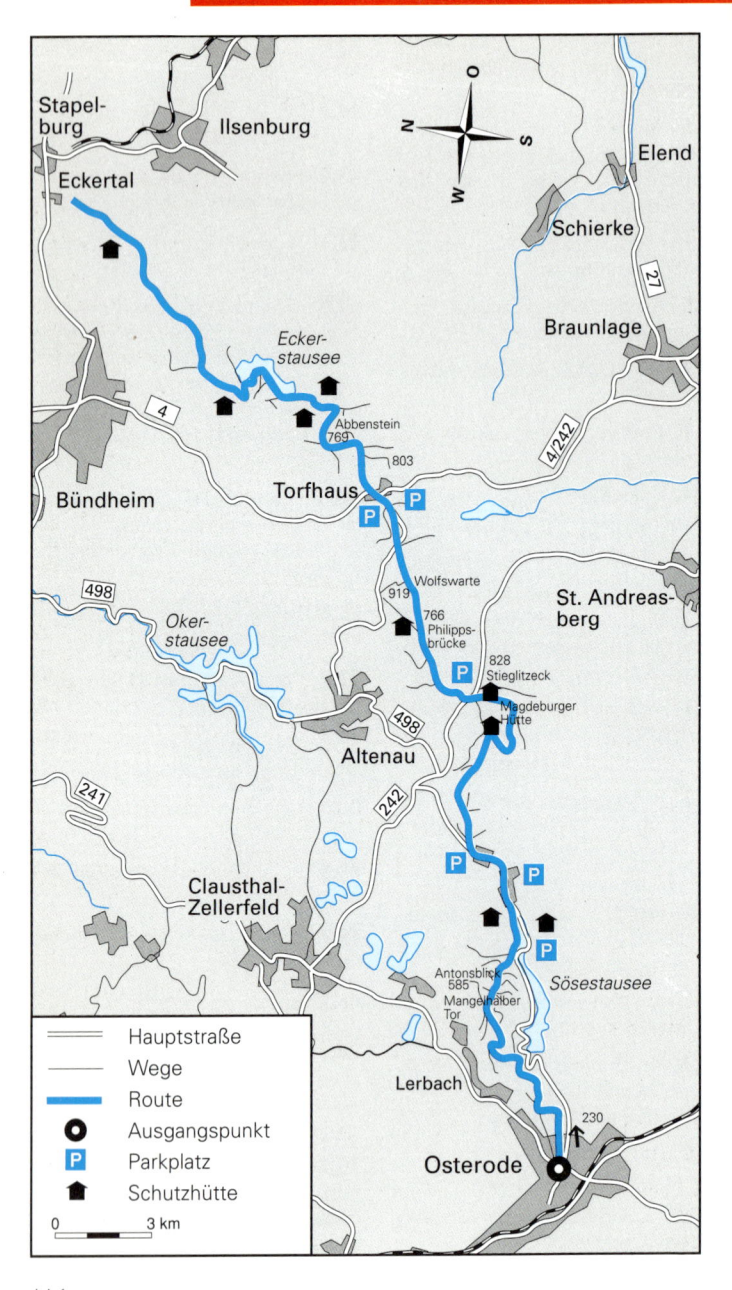

TOURCHECK

km 0,0 Man startet in Osterode an der Bleichestelle, dem Großparkplatz an der Kreuzung B 243 und B 498. Man radelt dann 300 m auf der B 498 in Richtung Oker, bevor man links in die Straße „Am Butterberg" abbiegt. Bei km 1,0 ist der Teerbelag zu Ende, hier geradeaus.

1,5 Man erreicht einen breiten Schotterweg, hier links, nach 400 m biegt man an der alten Fabrik links ab. Nach 600 m hält man sich etwas rechts, weiter bergauf. Nach weiteren 200 m wieder etwas rechts.

5,2 Bis hierher geradeaus, nun links bergauf, nach 700 m rechts.

6,9 Links bergauf zum „Mangelhalber Tor", dort rechts, sofort wieder rechts bergab nach „Riefensbeek".

9,2 Geradeaus weiter, nach 300 m erst rechts, dann sofort wieder links bergab auf markiertem Weg.

11,2 Rechts über den Parkplatz, weiter am Ufer der Vorsperre.

13,4 Hier rechts zur Straße fahren, dann links auf dieser etwa 400 m und dann links abbiegen, weiter auf Schotterweg.

15,1 Man muß wieder links auf die Straße und Kamschlacken durchfahren. Am Ortsende dann rechts ab und auf geteertem Sösetalweg am Flüßchen entlang talaufwärts.

20,4 Nahe dem „Großen Wehr" rechts ab in Richtung „Stieglitzeck".

23,0 Jetzt fährt man geradeaus auf dem Reitstieg weiter.

24,3 Nahe den Windrädern auf der B 242 100 m bergab, dann rechts ein Stück in Richtung „Altenau".

26,5 Nach Downhill (geradeaus) an der Philippsbrücke scharf rechts, nun steil bergauf. Nach 300 m links „Okersteine".

27,0 Rechts und auf Schotterweg bergauf.

29,3 Kurz vor der Wolfswarte biegt man rechts ab und fährt auf schwierigem Terrain zur Klippe. Dann hält man sich etwas rechts und fährt auf Trialpfad weiter. Der Weg bergab ähnelt einem Gebirgsbachbett.

30,4 Erst quert man den Sonnentaler Graben, dann die B 498. Auf der anderen Straßenseite führt ein schmaler, verblockter Trail bergab, auf diesem nun weiter.

31,2 Am Wegedreieck rechts bergauf zum Torfhaus. Nach 200 m links, dann rechts, über Sportplatz bis zur B 4, hier links, dann über Parkplatz. Bergab zum Oderteich, an der Brücke hält man sich rechts und fährt auf dem Märchenweg zur Sonnenkappe (rechts halten). Dann weiter auf dem Bohlweg (Auerhahnweg).

33,3 An der Talstation des Skilifts links, nach 700 m links und weiter auf dem Kaiserweg zum „Abbestein".

35,8 Am Abbestein rechts weiter auf Schotterweg.

37,9 Hier links Richtung „Skidenkmal".

38,6 An der Schutzhütte rechts, jetzt immer talabwärts an der Ecker entlang Richtung Talsperre.

41,1 An der Staumauer links, dann rechts halten bergab zu den Betriebsgebäuden der Wasserwerke. Dann weiter durchs Eckertal zurück zum Ausgangspunkt.

29/30 SEESENE...

ALLGEMEINES

Alljährlich findet hier der große Aufmarsch statt, ungezählte Akteure treten beim Sehusafest in mittelalterlichen Trachten an. Auch Handwerker und Händler arbeiten wie zur Zeit des Dreißigjährigen Krieges, in dessen Epoche man sich zurückversetzt fühlt: Ein Grund für dieses Spektakel ist, daß Seesen über reichlich Übung im Umgang mit den Kriegerhorden Wallensteins und den anderen Feldherren hatte, war doch ganz in der Nähe die Schlacht bei Lutter am Barenberge. Heute feiert man, doch früher war arge Not angesagt, denn der Krieg mußte seine Krieger ernähren, und das bedeutete, daß geplündert wurde ohne Ende. Nur gut, daß die Wege in den Harz hinein so unwegsam waren, daß die Soldaten aus dem Wald (nichts anderes bedeutet übrigens das Wort Harz, aus dem Mittelhochdeutschen abgeleitet) herausblieben. Da es inzwischen auch schon die Bergfreiheiten gab, hatten die Harzer mit Kriegsdienst nichts zu tun. Das war eines der wichtigsten Privilegien, des weiteren war man von der Leibeigenschaft befreit. Das bedeutete, daß man heiraten konnte, wen man wollte, und daß man hingehen konnte, wohin man wollte. Zur Zeit des Dreißigjährigen Krieges war man im „Haart" also bestens aufgehoben.

WEEKEND

STRECKENPROFIL

Gesamtstrecke: 116,8 km
Reine Fahrzeit: 2 Tage – 7,23 h
Anstiege: 1003 Höhenmeter
Schwierigkeit: Mittel, mit schwierigen Passagen

In zwei Tagen den Oberharz zwischen Seesen und Osterode zu erradeln, das ist ein tolles Erlebnis, das vorwiegend auf Schotterwegen stattfindet. Allerdings sind auch einige schwierige Passagen zu meistern. Gleich der erste Anstieg ist richtig steil, nur gut, daß man aus einer Quelle sauberes Wasser nachtanken kann. Es folgen Schotterweg und eine Teerabfahrt nach Lautenthal. Der Anstieg nach Bockswiese führt über breite und schmale Schotter- und Waldwege. Bis nach Wildemann ist es auch recht abwechslungsreich. Mal geht es an Gräben entlang, mal auf Schotterpisten bergauf oder bergab. Ab Wildemann folgen Singletrails und Waldwege, zuletzt der schwierige Bodestieg, der nach Lerbach führt. Bald hat man dann auch Osterode erreicht. Am zweiten Tag führt der Weg über das Mangelhalber Tor – bis hierher fährt man auf Schotterwegen; es folgt ein schmaler Waldweg als Abfahrt ins Sösetal, bis zu dessen Talschluß man in der Regel auf Teer radelt. Es geht auf schmaleren Wurzelpfaden weiter bis Clausthal. Es schließt sich der Anstieg zur Schalke an, der schmal und etwas verblockt ist. Die folgende Abfahrt führt über Teer. Dieser Belag ist bis Bockswiese nun häufig der Untergrund. Zurück nach Seesen geht es über Forstwege mit allen denkbaren Fahrbahndecken, wie Schotter oder weicher Waldboden und auch Asphalt. Allerdings wartet an der Altarklippe noch ein kurzes Stück Tragestrecke. Hinweisen muß man auch noch auf die – bisweilen nicht ganz einfache – Abfahrt durchs Tränkebachtal, die man ja vom Anfang als Anstieg kennt. Dann mal auf zur Weekend-Tour.

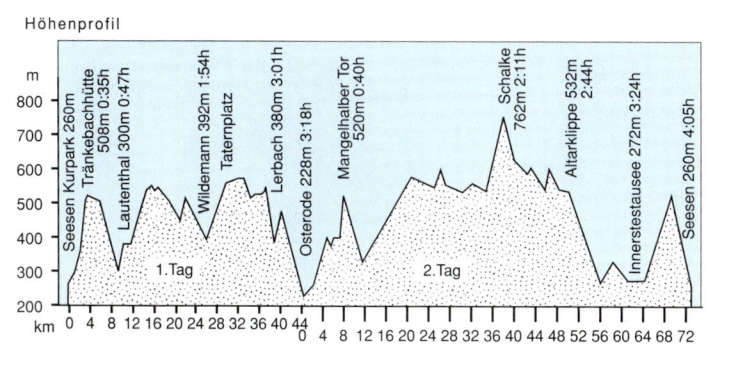

Höhenprofil

29 VON SEESEN NACH OSTE

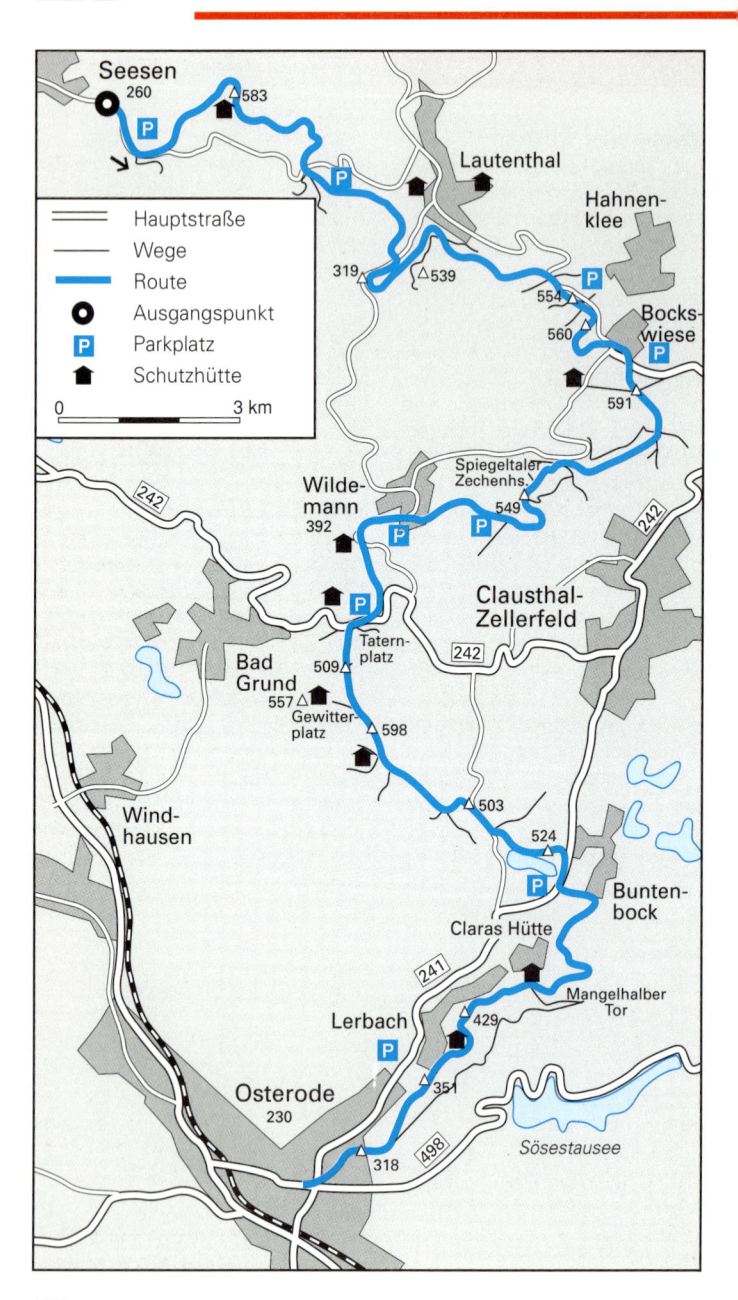

TOURCHECK

km 0,0 Man startet am Kurpark in Seesen an der Straße nach Lautenthal. Diese queren und am Imbiß dem markierten Harzwanderweg 1 nach „Lautenthal" folgen (roter Punkt).

0,9 Links, Landstraße queren, nun rechts auf Forstweg bergan.

2,2 Rechts ab durchs Wildtor.

3,2 An der Quelle links, an Hütte vorbei und auf Schotter weiter bergauf. Nach 400 m rechts.

6,0 Am Schnepfenplatz rechts, am Stemplatz Landstraße queren, etwas links und auf Asphalt bergab. Am Ortsrand Lautenthal links, über Brücke und Landstraße, hier etwas rechts und auf schmalem Weg bergauf.

10,2 Links, sofort wieder links und weiter bergauf. Man erreicht dann einen Schotterweg, hier nochmals links.

10,4 Links, am Lautenthaler Graben entlang zum größeren Platz, weiter auf breiterem Schotterweg.

11,7 Rechts halten, nach 100 m scharf rechts und bergauf.

12,3 Scharf rechts um Gasthaus herum. Nach 200 m scharf links. Km 13,5 rechts halten.

14,6 Bei Wegeschranke rechts, nach 200 m etwas rechts.

15,5 Bis hier geradeaus, nun ca. 150 m an Teerstraße entlang. Nach Teich links, dann rechts am Waldrand weiter.

15,8 Straße queren, geradeaus in den Ort, nach 600 m rechts, 200 m weiter rechts, nach 100 m links (Teer).

17,1 Rechts. Am Ende des Teichs etwas rechts und am Graben lang. An der Staumauer des nächsten Teichs geradeaus.

20,8 Am Zechenhaus links auf Schotter bergauf.

21,9 Rechts halten, nach 100 m links.

24,2 Bis hierher geradeaus, rechts weiter auf schmalem Weg.

24,8 Links, direkten Weg nach Wildemann steil bergab.

25,8 Im Ort links halten und links auf Hauptstraße weiter.

27,5 Landstraße verlassen, rechts Richtung „Zeltplatz", hier links, am Tor auf mittlerem Weg weiter. An der Teerstraße rechts und auf Singletrail bergauf zum „Tatemplatz".

29,6 Straße queren, dann geradeaus, weiter auf Sumpfweg.

30,7 Links ab zur „Kaysereiche", hier geradeaus. 400 m weiter links ab in einen Grasweg. Nach 300 m links, 200 m weiter wieder rechts. Weiter auf Grasweg über die Staumauer vom „Oberen Hahnebalzer Teich". Am nächsten Weg links.

34,1 Rechts und auf Innerstetalstraße zum Gasthaus Obere Innerste. Nun halb links Richtung „Prinzenteich". An der Staumauer weiter auf nördlichem Uferpfad zur B 241, diese nach links queren, weiter zum Feriotel (Beton). Hier rechts, weiter auf Grasweg. Nach 200 m geradeaus.

37,5 Links weiter auf Forstweg.

38,3 Achtung: rechts und auf Bodestieg bergab nach Lerbach.

38,8 Links ab, auf Teer kurzes Stück bergauf, den nächsten Forstweg rechts bergauf zur Bergstation des Skilifts.

40,0 Hier geradeaus weiter „Rote Sohle", bergab in Richtung „Osterode". Man fährt immer geradeaus.

44,1 Links, ein kurzes Stück steil bergauf. Nächste Wegkreuzung rechts und bergab nach Osterode.

30 VON OSTERODE NACH S

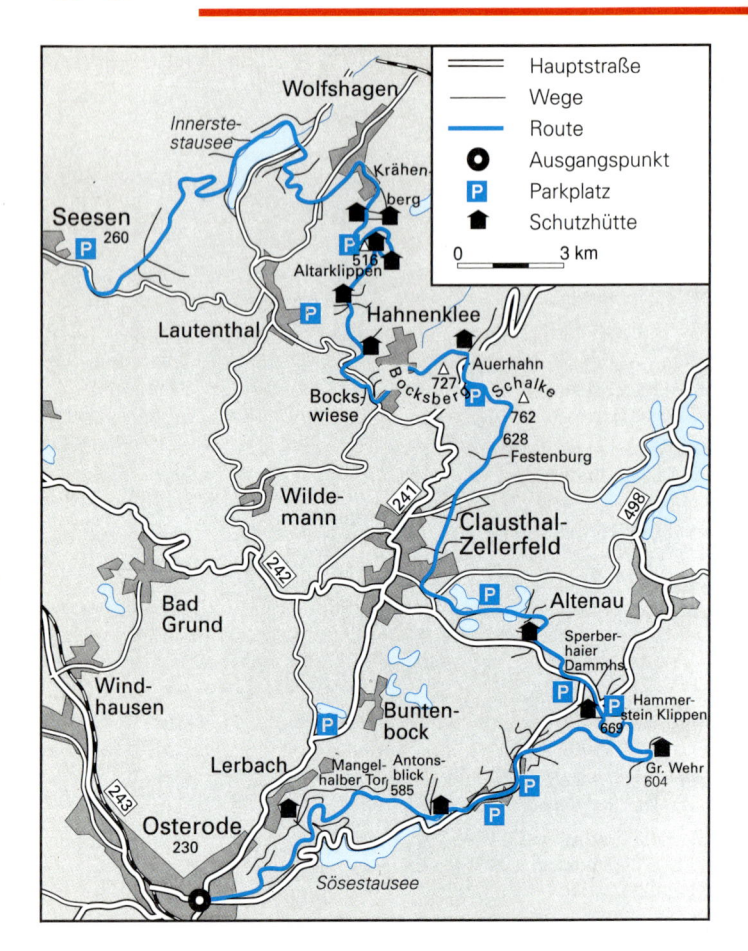

TOURCHECK

km 0,0 Man verläßt Osterode am Tunnel auf der B 498 in Richtung Altenau. Bald abbiegen „Am Butterberg". Bei km 1,0 auf Grasweg geradeaus, nach 500 m links.

1,9 An alter Fabrik links, bei km 2,5 und 2,7 jeweils rechts.

5,2 Links bergan, nach 700 m rechts.

6,9 Links und bergauf zum „Mangelhalber Tor", dort rechts und sofort wieder rechts bergab „Riefensbeek".

9,2 Geradeaus weiter, nach 300 m erst rechts, dann sofort wieder links bergab zur „Sösetalsperre".

11,2 Rechts, über den Parkplatz und dann an Vorsperre entlang.

13,4 Rechts zur Straße, dort links bis Ortsende Kamschlacken, hier rechts auf geteertem Weg an Söse entlang.

20,4 Am „Großen Wehr" links und am Graben zur B 242, hier links und über den Damm nach „Clausthal".

24,7 Am Stollenmundloch rechts, nach wenigen Metern scharf links bergauf. An der nächsten Wegkreuzung etwas rechts, weiter auf Wurzelpfad. Am nächsten Schotterweg links bergauf zur Straße, hier rechts bergab zum „Hubhaus".

26,9 Am Hubhaus links weiter an einem Graben entlang.

29,0 Staumauern des Jägersbleeker und der Pfauenteiche queren, danach rechts auf Grabenweg zur Landstraße.

30,1 Rechts ab in den Kutschenweg und der Wegweisung „Schalke" folgen. Breslauer Straße kreuzen, über noch eine Staumauer und am Jugendstift halblinks. Man quert bald die Straße, dann über Staumauer des Kiefhölzer Teiches bis zur Schutzhütte, hier links bergauf zur „Schalke".

37,8 Am Gipfel links, weiter auf Teer.

39,6 Am „Auerhahn" die Straße queren und etwas rechts bergauf.

40,4 Teerweg kreuzen, auf Verlobungsweg nach „Hahnenklee".

42,3 An Stabkirche links nach „Bockswiese". Hier rechts auf öffentlicher Straße bis zum Parkplatz Grumbach.

45,4 Links, Straße queren, dann zu den „Altarklippen".

47,8 Bis hierher geradeaus, nun links auf Sommerbergweg.

49,8 Geradeaus, dann sofort rechts auf schmalem Weg weiter, an einer Hütte entlang. Nun rechts halten und Bike bergab tragen. Dann auf Schotter rechts weiter bergab.

50,7 An der Hütte links, nach 1500 m rechts.

52,8 Auf Teerweg nach „Wolfshagen".

54,7 Am Campingplatz geradeaus, nach 600 m rechts, am Triftweg links, Straße queren, weiter zur „Innerste".

57,5 Links auf Schotter weiter, Straße queren und weiter auf rechtem Forstweg. Nach 700 m rechts auf schmalem Weg. Nach weiteren 200 m rechts auf Schotterweg weiter.

58,7 Rechts, weiter auf schmalem Pfad. Nach 300 m rechts. Km 59,6 rechts (90°). Nach 200 m links, erst bergab, dann bergauf, Treppe hinunter, Staumauer queren, dann links am Stausee entlang.

64,1 Uferweg verlassen, rechts ab in Richtung „Dicke Eiche".

65,8 Links in Richtung „Tränkebachhütte". Km 68,4 rechts.

69,1 Kurz nach dem Schnapsplatz rechts und durchs Tränkebachtal nach Seesen (s. 29 Anstieg).

31/32 HARZÜB

ALLGEMEINES

Was früher einer Expedition glich, ist heute in zwei Tagen möglich: die Harzüberquerung, und zwar von Nord nach Süd und umgekehrt. Und das mit dem Fahrrad, wer hätte das vor einigen Jahren geglaubt. Aber mit dem Stollenflitzer ist das eigentlich kein so großes Problem. Klar, daß man natürlich gutes Material braucht, um schwerere Defekte zu vermeiden. Doch nur mit der eigenen Muskelkraft über den Harz – das ist schon ein Erlebnis. Und wie es dem Radler hilft, seine Kondition zu stärken, wenn er, anstatt das Auto fortzubewegen, mit seinem Ritzelmuli die Gegend erkundet, so nützt es auch dem Harz. Wandern und Biken ist hier in, und das eine schließt das andere nicht aus! Auch wenn das manche Vordenker nicht wahrhaben wollen: So sieht echter sanfter Tourismus aus. Aber auf Dauer wird das hoffentlich jeder einsehen, entgegen allen Sensationsjournalisten, die im Biker oder Wanderer Störenfriede sehen, die mit ihren Stollenreifen oder Profilsohlen angeblich Erosionsvorgänge beschleunigen. Es scheint, als hätten diejenigen, die von angeblichen Zerstörungen reden, nicht genügend recherchiert. Jedenfalls sind keine Schäden bei deutschen Forstämtern bekannt, wie eine „Bike"-Nachfrage ergab.

QUERUNG IN 2 TAGEN

STRECKENPROFIL

Gesamtstrecke: 114,8 km
Reine Fahrzeit: 8,07 h
Anstiege: 2095 Höhenmeter
Schwierigkeit: Oft sehr schwer

Zwei Etappen für Cracks, die Trials mögen und auch über genug Muskelschmalz verfügen. Der Start ist eigentlich ganz gemütlich, doch bald beginnt schon der heftige Anstieg zum Rammelsberg. Auf losem Schieferbrösel muß man steil hinauf. Danach geht es weiter über die Höhen auf Schotterwegen bis zur Schalke. Es folgt eine Power-Abfahrt bis zur Okertalsperre. Nach ein paar Metern auf öffentlicher Straße fährt man dann durch das Langetal in Richtung Zellerfeld. Hierbei ist nur ein kurzer, knackiger Anstieg zu meistern. Die Ortsdurchfahrt von Clausthal-Zellerfeld muß man nicht mögen, vielleicht freut man sich aber schon auf die leichte, 13 Kilometer lange Abfahrt nach Osterode. Die zweite Etappe ist deutlich schwieriger, erst muß man auf einem Steilstück die „Rote Hölle" hinauf, und dann folgt ein Toptrial über den Fastweg zur Hanskühnenburg. Die geschotterte Ackerstraße und die Abfahrt ins Okertal dürfen als Erholung angesehen werden, denn ab der Philippsbrücke wird's schwer: Trial bergauf und bergab über den Magdeburger Weg. Danach geht's flott hinab zur Okertalsperre. Man radelt entspannt an ihr entlang, denn der Anstieg zum Kästehaus wird wieder absolut heftig. Steil und steinig geht es hier zur Sache. Ab dem Kästehaus führt der Weg dann nur noch bergab bis zum Waldhaus in Oker. Fazit: tolle Tour für kernige Typen mit Topmaterial. Bei schönem Wetter lohnt eine Kameraausrüstung auf jeden Fall, denn es gibt viel zu sehen. Und da es davon so viele gibt, wurde auf die Angabe von Aussichtspunkten verzichtet.

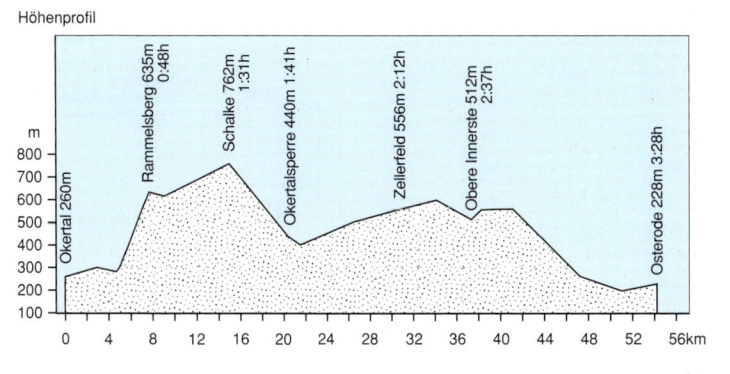

Höhenprofil

31 VON OKER NACH OSTEROD[E]

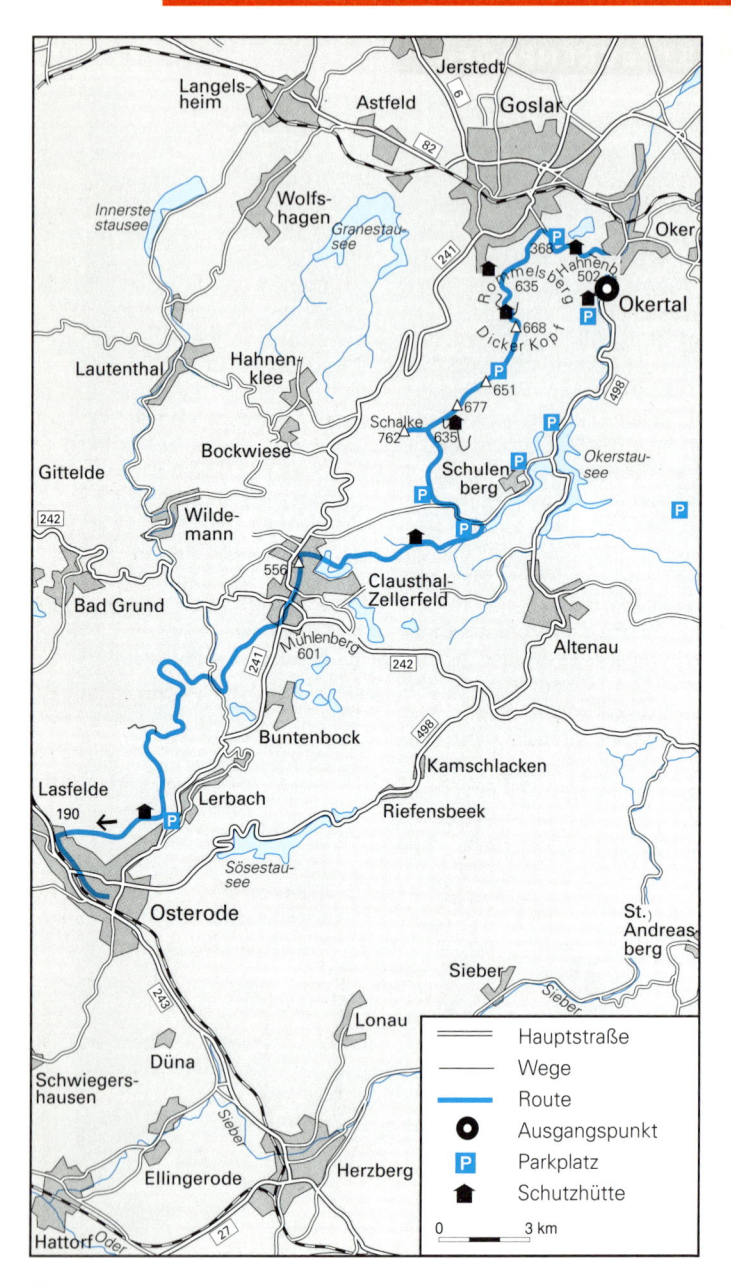

═══	Hauptstraße
───	Wege
━━━	Route
◎	Ausgangspunkt
🅿	Parkplatz
⌂	Schutzhütte

0   3 km

TOURCHECK

km 0,0 Man startet am Ortsausgang von Oker in Richtung Altenau. Auf der linken Seite steht eine Wandertafel, hier beginnt ein Singletrail, nach 300 m links weiter auf Teer. Wegmarkierung rotes Dreieck.

3,5 Rechts halten, weiter nach Goslar.

4,4 Am Ortsrand von Goslar geradeaus auf Straße.

4,7 Links halten und nach 300 m links, an der Gaststätte rechts vorbei, jetzt auf schmalem Weg weiter.

5,4 Geradeaus Richtung „Rammelsberg" (grüner Punkt).

6,2 Bis hierher geradeaus, jetzt rechts weiter bergan.

7,7 Man erreicht nach den Serpentinen den Rammelsberg, hier geradeaus weiter in Richtung „Schalke".

9,1 An der Waldschrathütte fährt man auf dem Borchersweg weiter in Richtung „Schalke".

15,0 Zuletzt auf geteertem Weg erreicht man die Schalke, auf gleichem Weg geht's ein Stück retour.

15,9 Jetzt rechts ab Richtung „Schulenberg".

17,0 Links ab zur „Okertalsperre".

20,4 Man erreicht die Landstraße, hier rechts und auf ihr ein Stück bis zum Ende der Talsperre. Nun links und sofort wieder rechts, weiter durchs Langetal.

26,5 An der Arthur-Paech-Hütte links halten in Richtung „Clausthal-Zellerfeld".

27,4 Am Talende rechts halten, dem schmalen Weg steil bergauf folgen.

28,0 Die Wegkreuzung geradeaus überqueren.

29,0 Am Waldseebad rechts halten, am Jugendheim entlang und dann geradeaus weiter Richtung Zellerfeld.

29,8 Man erreicht ein Neubaugebiet, dieses geradeaus durchqueren und zur sichtbaren Zellerfelder Kirche, hier links und geradeaus durch den Ort hindurch.

34,3 Hier jetzt rechts abbiegen (Ampel) und sofort wieder links, jetzt in Richtung „Haderbacher Teich", dessen Staudamm man quert. Dann rechts bergab.

37,5 Am Gasthaus Obere Innerste rechts ein Stück auf Teer. Nach 200 m links auf Schotterweg bergauf (Wegschranke).

38,4 Rechts und auf Trampelpfad weiter, dann über die Staumauer des „Oberen Hahnebalzer Teichs", geradeaus weiter.

39,8 Links abbiegen und auf Schotterweg leicht bergauf. Nach 200 m wieder links, dann in Richtung „Osterode".

41,3 Rechts halten, nach 300 m beginnt ein toller Downhill. Man bleibt immer auf dem Hauptweg talabwärts.

47,4 Geradeaus auf jetzt geteertem Weg weiter.

51,2 Bei einer Wäscherei erreicht man den Ort, man unterquert die Brücke der Schnellstraße und fährt dann nach links in den Ort hinein.

54,2 Man erreicht das Zentrum von Osterode, wenn man eine der Sösebrücken nach rechts überquert.

32 VON OSTERODE NACH G

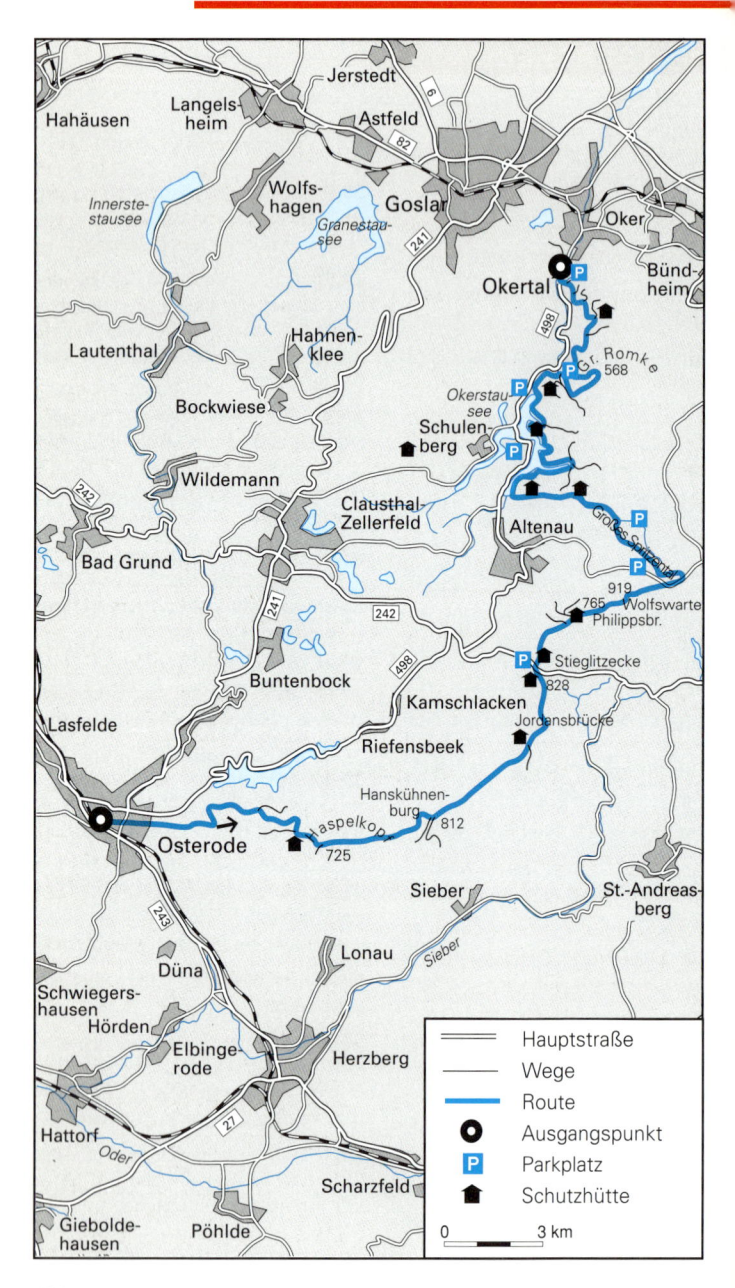

LAR

TOURCHECK

km 0,0 Vom Parkplatz Bleichestelle (Kreuzung B 243 / B 498) fährt man ein Stück auf der B 498 in Richtung Altenau aus Osterode hinaus. Nach 700 m, kurz nachdem man einen Radweg erreicht hat, rechts. Weiter auf einem Waldweg, man überquert zwei Brücken, dann bergauf.

1,1 Man quert Forstweg, dann rechts und auf breiterem Forstweg bergan, durch ein Wildgatter, dann geradeaus, später bergab geradeaus.

3,7 Links abbiegen und auf geteertem Forstweg bergauf.

5,1 Rechts ab und bergauf durch die „Rote Hölle".

6,8 Rechts weiter in Richtung „Hanskühnenburg".

7,1 Geradeaus, es beginnt der „Fastweg", ein Singletrail.

8,4 Links weiter über die Höhe.

12,1 An der Hanskühnenburg rechts bergab zum „Teilungspfahl". Hier links und auf geschottertem Weg in Richtung „Stieglitzeck".

21,1 Nahe den Windrädern links, 100 m auf der B 242 bergab. Dann rechts ab, weiter auf Forstweg.

23,3 Nach Schotter-Downhill (immer geradeaus) biegt man nach der Philippsbrücke sofort scharf rechts ab. Es geht auf steilem Steig bergauf. Nach 300 m links weiter steil bergauf an den Okersteinen entlang.

24,5 Man erreicht einen Schotterweg, hier muß man sich rechts halten und dann weiter bergauf radeln.

26,1 Kurz vor der Wolfswarte rechts, weiter auf schwierigem Terrain zur Klippe. Dort etwas rechts und auf Trialpfad weiter bergab.

27,2 Erst quert man den Sonnentaler Graben, dann die B 498. Auf der anderen Straßenseite führt ein schmaler, verblockter Trail bergab, diesem folgen.

28,0 Am Wegdreieck links, weiter auf „Magdeburger Weg".

29,9 Nachdem man sich etwas links gehalten hat, fährt man ein kurzes Stück an einem Graben entlang. Bald biegt man links ab und folgt weiter dem Magdeburger Weg. Nach einem weiteren Stück bergab biegt man links, dann rechts ab und fährt durch das Kellwassertal zur Okertalsperre.

33,9 Erst geht es durch eine Furt, dann links talabwärts.

38,6 Weiter auf breiterem Fahrweg bis zum Damm der Vorsperre. Jetzt weiter an der Okertalsperre entlang.

48,3 Hauptdamm queren, dann rechts auf Straße bergab zur „Romkerhalle".

50,1 Kurz vor dem Wasserfall scharf rechts abbiegen, am Wasserwerk dann links, nach 500 m rechts bergauf.

52,6 Bis hierher auf Hauptweg, dann links durch die Furt, sofort wieder links bergab.

54,6 Rechts steil bergauf in Richtung „Kästeklippen".

55,3 Bei den ersten Klippen links zum „Kästehaus".

56,0 Am Kästehaus nun geradeaus, ab der Bushaltestelle links ab in Richtung „Oker – Waldhaus".

57,2 Am Ziegenrücken links bergab.

60,1 An der Gabelung rechts, weiter bergab.

60,6 Nach Queren der Straße ist man wieder am Waldhaus.

33/34 SÜDHA

ALLGEMEINES

Ein Abstecher dieser Tour könnte natürlich auch zu den Wurzelmännchen am vorderen Ebersberg führen. Aber Achtung: Diese Zwerge, mal Freund, mal Feind der Menschheit, pflegen Wort zu halten, wenn sie einem ein langes Leben oder auch das Gegenteil prophezeien. Vor langer Zeit lebte im Wolfsbachtal ein Müller, der den Zwergen sympathisch war und von ihnen einen Tee erhielt, der ihm ewiges Leben schenken sollte. Nur zu dumm, daß er den Mund nicht halten konnte und gegen schnöden Mammon sein Geheimnis an einen Mann aus Blankenburg verriet. Der zog schnurstracks zum Ebersberg und setzte die Wichtel unter Druck, ihm auch einen Tee zu geben. Diese bestraften ihn mit dem Tod. Arg sauer waren sie auch auf den Müller und versprachen ihm baldiges Ableben. Da half auch der Tee, den er noch hatte, nicht mehr. Über 300 Jahre alt, wurde er begraben. So ist das nun einmal; man sollte halt nicht alle Geheimnisse verraten, sonst ist man letztendlich noch der Leidtragende.

ER WEEKEND

STRECKENPROFIL

Gesamtstrecke: 60,4 km
Reine Fahrzeit: 4,44 h
Anstiege: 1090 Höhenmeter
Schwierigkeit: Vorwiegend leicht

Ich weiß, ich weiß, ihr fahrt diese Wochenendtour alle an einem halben Vormittag. Bedenkt nur, daß auch Einsteiger oder Familien biken wollen, und Natur erleben muß nicht gleichbedeutend sein mit Kilometerfressen. Um die Toureinteilung einfach zu gestalten, kann man den Anstieg zum Wurmberg auch am zweiten Tag einplanen, ganz wie man will. Von Walkenried fährt man mit einigen Abstechern praktisch über den Kaiserweg nach Braunlage. Forstwege wechseln hierbei mit Singletrails und Waldwegen ab. Der Anstieg zum Wurmberg führt über Teerwege und ist somit leicht. Die Abfahrt ist schwieriger, sie beginnt mit einer Tragestrecke am Serpentinenweg. Die restliche Abfahrt führt über die Skipiste bergab. Von Braunlage nach Sorge fährt man meist auf Schotter an der Bode entlang. Danach folgt Betonplattentrial über die alte Grenzbefestigung. In Hohegeiß fährt man ein Stück auf öffentlicher Straße, bevor man auf Waldwegen das Bärenbachtal hinabradelt. Von Sorge nach Walkenried führt diese Tour dann wieder auf öffentlicher Straße entlang. Also alles in allem kein Problem, hier mal gemütlich ein Wochenende zu genießen. Auch Einsteiger werden hier ihre helle Freude haben. Und wer mehr will, der hat reichlich andere Touren zur Auswahl.

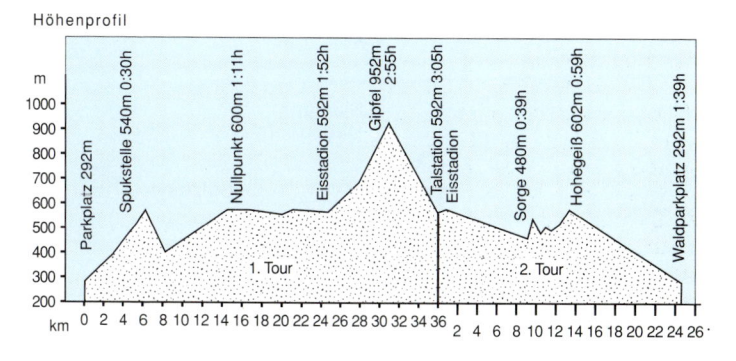

Höhenprofil

33 VON WALKENRIED ZUM

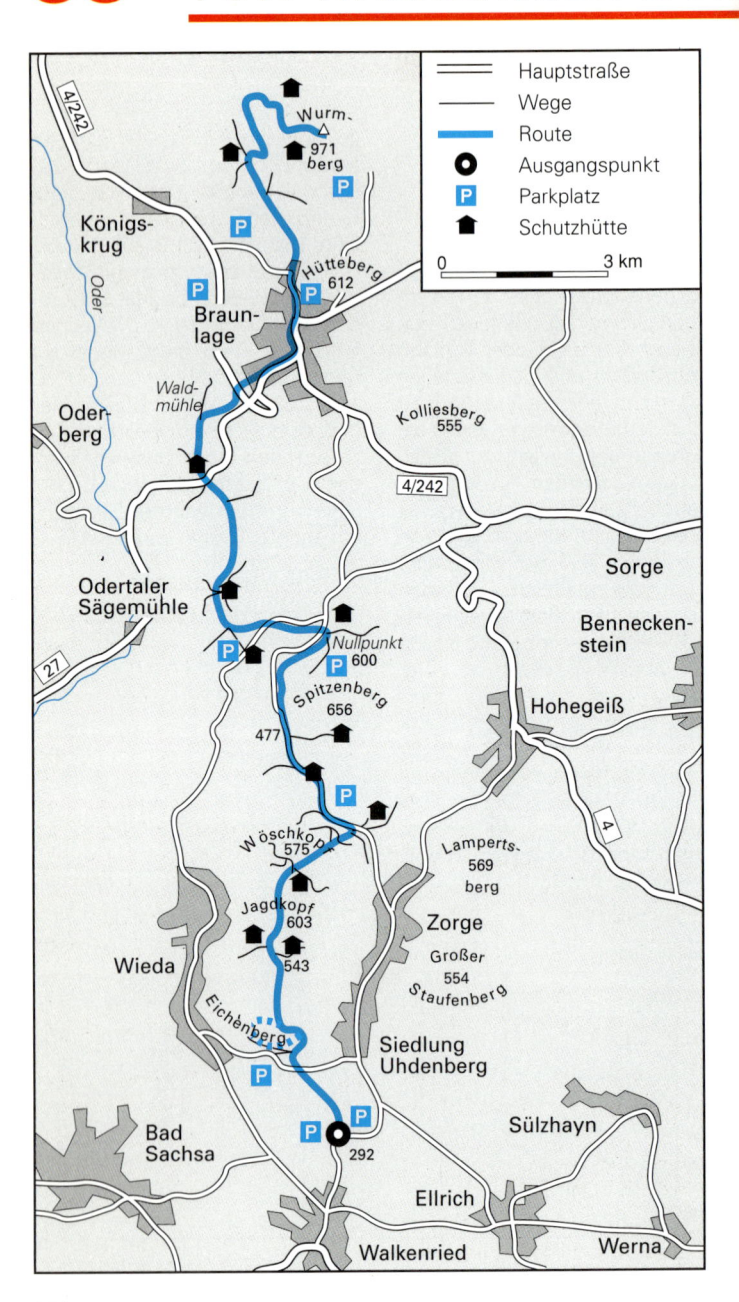

URMBERG

TOURCHECK

km 0,0 Den Startpunkt dieser Tour erreicht man, wenn man von Walkenried auf der Straße in Richtung Sorge fährt. Man biegt am zweiten Parkplatz nach links ab und radelt in nördliche Richtung auf dem Eselstreiberweg.

2,1 Bis hierher geradeaus, dann die Landstraße queren. Nun etwas rechts, weiter bergauf.

2,5 Geradeaus weiter auf stark verwachsenem Weg. Nach 200 m links halten und erst einmal auf dem Kaiserweg weiter.

3,0 Links am Eichenberg entlang, nach 700 m links und weiter auf dem Kaiserweg.

4,1 Auf verwachsenem Weg weiter geradeaus.

4,7 Rechts und auf gutem Forstweg weiter.

5,4 An der „Spukstelle" scharf rechts zum Jagdkopf. Dort etwas links weiter in Richtung „Helenenruh'".

6,8 Rechts ab und weiter auf breiterem Forstweg.

7,8 Nun immer geradeaus, auch an der Helenenruh'.

8,1 Rechts ab, hinab zum Sprakelbach.

9,8 Nun links ab und auf Singletrail bachaufwärts.

9,9 Geradeaus und 400 m weiter auf Forstweg, dann rechts weiter auf Singletrail.

10,5 Am Parkplatz geradeaus weiter auf „Alter Poststraße".

11,2 Bis hierher geradeaus, dann auf Landstraße bergauf. Bald rechts, über eine Brücke, dann links, weiter bergauf.

14,5 Zweimal links, dann geradeaus über Parkplatz „Nullpunkt" und die Landstraße, weiter auf Waldweg.

15,7 Links auf die Landstraße, dann sofort rechts weiter auf schmalem Trail in Richtung „Braunlage".

16,2 Geradeaus, nach 300 m rechts halten.

16,6 Man erreicht den Kaiserweg, hier geradeaus weiter.

17,2 Rechts halten.

19,6 Etwas links halten, nach 200 m die B 27 queren und geradeaus weiter in Richtung „Waldmühle".

21,0 An der Waldmühle jetzt rechts weiter in Richtung „Braunlage". Bald quert man die B 4 per Brücke und radelt dann bergab zur B 27, links halten.

24,6 Man bleibt auf der Hauptstraße bis zum Eisstadion, hier rechts, dann links über den Parkplatz in Richtung Talstation „Wurmbergseilbahn". Dort links über den Parkplatz bergauf und an der Bode entlang zur Bärenbrücke.

27,6 Dort rechts, nach 200 m links, dann nochmals links und auf Teer zum Gipfel.

30,6 Weiter Richtung Schanze, hier links auf Serpentinenweg bergab. 900 m weiter links, am Schanzenauslauf rechts, bei der Seilbahntrasse links auf Skiabfahrt Nr. 1, zurück zur Talstation der Seilbahn.

34 VON BRAUNLAGE NACH

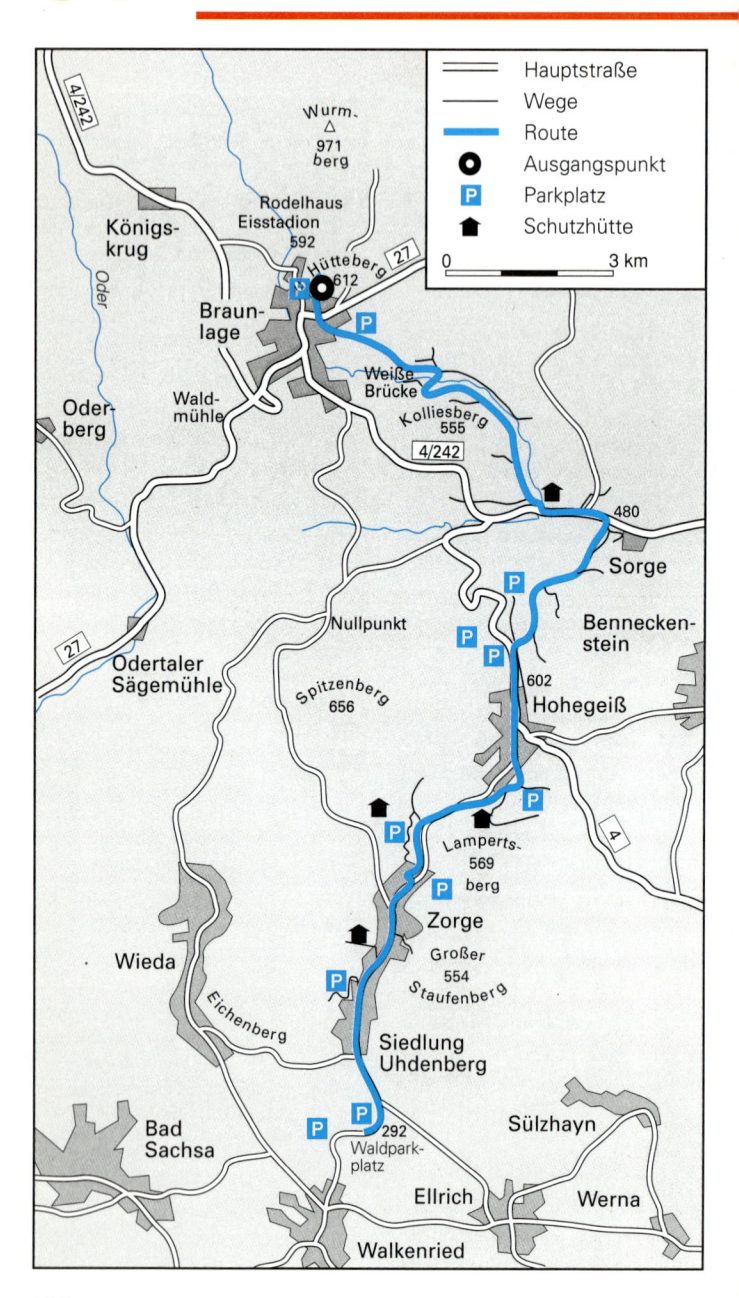

ALKENRIED

TOURCHECK

km 0,0 Man bleibt auf der Hauptstraße bis zum Eisstadion, hier rechts, dann nochmal rechts und über Parkplatz zur B 27.

0,3 Links und auf B 27 bergan, nach 200 m rechts ab.

0,8 Man folgt dem jetzt geschotterten „Ramsenweg" geradeaus.

2,9 An der „Fuchsfarm" scharf rechts und auf Teerweg weiter.

3,4 Links die Bodebrücke queren, dann sofort wieder links und am Fluß talabwärts in Richtung „Sorge".

6,2 Bis hier geradeaus, nun links halten.

7,2 Kurz vor der B 242 links und auf alter Eisenbahntrasse, jetzt Schotterweg, weiter.

7,4 Man erreicht eine Landstraße, hier rechts, dann die B 242 kreuzen und weiter über die Bodebrücke.

8,6 Links, auf schmalem Weg am Graben Richtung „Raststüble".

9,1 An Gleisen rechts bergauf nach „Hohegeiß" (grüner Punkt).

9,6 Am alten Grenzstreifen links und bergab.

10,4 Rechts halten, am Ochsenbach entlang talaufwärts bis zu den Betonplatten der alten Grenze, hier links und auf diesen weiter.

12,4 Rechts auf Schotterweg zur Straße, dort links und auf ihr weiter nach Hohegeiß, im Ort dann rechts ab in Richtung „Sorge".

14,3 Links ab in Richtung „Schwimmbad", dort links, dann sofort rechts bergab durch das Tal des Bärenbachs in Richtung „Sorge".

15,2 Rechts halten, weiter bergab.

16,2 Die Landstraße überqueren, sofort links, weiter bergab am Bach entlang.

16,9 Links halten, den Bach überqueren, dann sofort wieder links.

17,5 Man erreicht die Straße und fährt auf ihr nun talabwärts weiter. Dabei durchquert man das schöne Sorge. Anschließend bleibt man auf der Straße und fährt dann zurück nach Walkenried.

24,6 Man erreicht den Waldparkplatz kurz vor oben erwähntem Ort.

35-40 GESAM

ALLGEMEINES

Sechs Tage kreuz und quer durch den Harz, das ist, will man mal öffentliche Straßen meiden und Natur pur erleben, nur mit einem geländegängigen Fahrrad möglich. Gut, daß es die innovative Technik des Mountainbikes gibt! Natürlich muß man auch darüber hinaus an richtige Ausrüstung, das heißt Ersatzteile, Werkzeug, Getränke, Nahrung für unterwegs und natürlich auch Kleidung denken. Vor allem letzteres ist besonders wichtig. Natürlich weiß man, wie das Wetter ist, wenn man losradelt, aber wer kann schon ahnen, was unterwegs alles passiert? Übrigens bewegt man sich in einer Höhenlage von 190 bis 1142 m. Man muß also mit recht drastischen Temperaturdifferenzen und hin und wieder auch mit Wetterturbulenzen rechnen. Wärme und Kälte, dazu Schweiß von innen und Regen von außen – es ist klar, daß man nur mit entsprechenden Materialien auf der Haut den Spaß am Biken erhalten kann. Wer mit Baumwollklamotten auf die Trails geht, der wird irgendwann möglicherweise Gesundheitsprobleme bekommen, da sich diese mit allen Formen der Feuchtigkeit vollsaugen und spätestens bei der Abfahrt Temperaturen auf der Hautoberfläche entstehen lassen, die um die 0° Celsius liegen. Die Lösung heißt Funktionsbekleidung. Die ist zwar teuer, aber auf Dauer macht schweißfreies Biken in trockenen Sachen einfach mehr Spaß.

GEBIET IN 6 TAGEN

STRECKENPROFIL

Gesamtstrecke: 390,8 km
Reine Fahrzeit: 29,15 h
Anstiege: 7208 Höhenmeter
Schwierigkeit: Streckenweise schwer

Was soll man sagen, ein Streckenprofil für 390,8 Kilometer, das sprengt jeden Rahmen. Daher soll es hier nur einen Überblick über das geben, was einen erwartet. Grundsätzlich ist Asphalt nicht der Untergrund, der für das Biken prädestiniert ist. Daher kommt dieser Belag auch sehr kurz und wird nur befahren, wenn es eigentlich nicht anders geht. Das Gros der Trails führt also über breite Schotterpisten und tolle Forstwege. Allerdings kommen auch knifflige Singletrails nicht zu kurz, egal ob Uphill oder Downhill, man braucht schon ausgefeilte Technik und eine gute Muskelportion, um den Harz auf diese Art und Weise zu erschließen. Aber das wird ein Erlebnis, und sicher wird man hinterher wie viele andere der Meinung sein, daß man hier so weit im Norden der Republik ein Bikeparadies par excellence vorfindet. Und noch eins: Da die Anzahl der Wege extrem hoch ist, kann man streßfrei biken, da man kaum Zeitgenossen per pedes antrifft. Diese wenigen akzeptieren die Bergradler als Wanderer auf Rädern, vorausgesetzt, man verhält sich auch so. Dann bleibt nur zu sagen, viel Spaß bei uns im Harz, und vielleicht trifft man sich ja einmal.

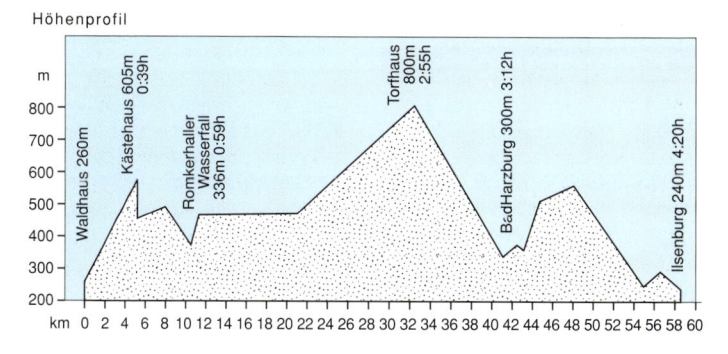

Höhenprofil

35 VON GOSLAR NACH ILSEN

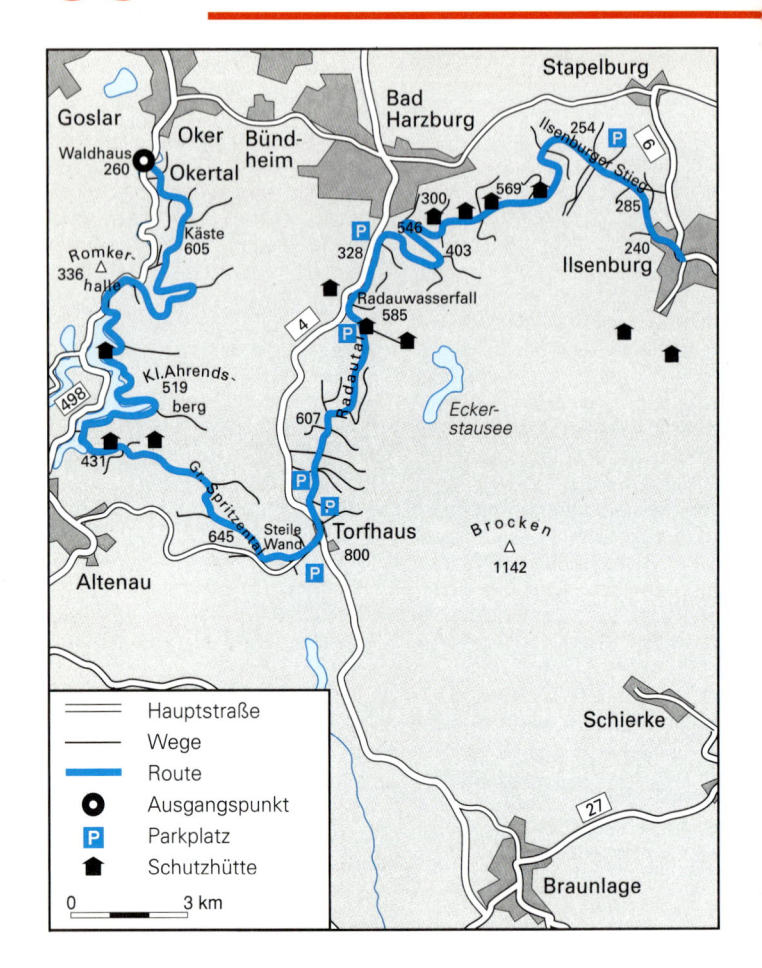

TOURCHECK

km 0,0 Start ist am Hotel Waldhaus. Es liegt am südlichen Ortsende von Goslar-Oker an der B 498. Man überquert diese nun in östliche Richtung und fährt auf Waldweg in Richtung „Kästehaus".

0,4 Hier links halten und weiter bergauf.

3,3 Links ab, den breiten Weg verlassen und auf mittlerem Trial bergauf zur Wegkreuzung, hier rechts halten.

4,5 An der Bushaltestelle (!) rechts halten, dann am Kästehaus geradeaus vorbei, nach 700 m inmitten der Klippen rechts halten und auf Singletrail bergab.

5,9 Dem breiteren Forstweg jetzt nach links folgen.

7,9 Jetzt rechts durch die Furt, dann links auf Schotterweg talabwärts.

9,9 Etwas links, weiter bergab zum Wasserwerk, hier rechts bis zur Straße am Wasserfall, nun hart links und auf der B 498 weiter bis zum Staudamm des Okerstausees. Diesen überqueren, dann rechts immer weiter auf Uferweg.

20,9 An der Vorsperre links ab und dem Kellwassertal bergauf folgen.

25,6 Rechts abbiegen, durch die Furt und weiter bergauf.

28,6 Links halten, dann etwas rechts und auf Magdeburger Weg bergauf zum „Torfhaus".

28,8 Am nächsten Graben links halten und weiter auf Trialweg.

30,7 Am Wegdreieck jetzt links bergauf, nach 200 m links und sofort wieder rechts, dann an einem Sportplatz entlang zur B 4. Hier links weiter bis zum Großparkplatz.

31,7 Am nördlichen Ende des Parkplatzes rechts.

33,0 An der Talstation des Skilifts biegt man nun hart links ab und fährt in Richtung „Bad Harzburg".

33,5 Jetzt scharf rechts und auf dem Satzstieg weiter bergab.

34,2 An der Weggabelung rechts halten, weiter auf Singletrail. Nach 200 m geradeaus über einen Forstweg.

34,8 Hier geradeaus weiter auf Forstweg.

35,1 Rechts halten.

36,1 Nachdem man eine Brücke überquert hat, hält man sich links, und nun geht es immer an der Radau entlang talabwärts.

37,0 Geradeaus weiter auf breiter Teerstraße.

38,5 300 m nachdem man eine Wegschranke passiert hat, biegt man rechts auf einen schmalen Weg ab und fährt an einer Schutzhütte vorbei. Nach kurzem Anstieg hält man sich links und fährt auf dem oberen Weg am Graben entlang.

39,4 Am Wasserfall geradeaus weiter auf steinigem Weg.

40,9 Etwas rechts halten und nach 200 m links Richtung „Märchenpark". Bald fährt man wieder oberhalb eines Grabens weiter in Richtung „Sennhütte".

42,4 Am Restaurant hält man sich rechts und schiebt (!) über dessen Terrasse. Auf oberem Weg weiter geradeaus.

43,4 Man überquert eine geteerte Forststraße und fährt jetzt weiter mit dem Ziel „Burgberg".

44,6 Große Wegkreuzung, hier quasi geradeaus, dann einmal um die Ruinen der Burg herum, wieder bis zu dieser Wegkreuzung, hier geradeaus und weiter in Richtung „Kreuz des deutschen Ostens" (Wegweisung).

47,9 Am Kreuz fährt man weiter Richtung „Wernigeröder Bank".

53,6 Man fährt nun in linke Richtung, leicht bergauf, die Paulischneise entlang in Richtung „Kattnäse". Dann geht es auf dem Wanderweg 20 E vorbei an der Wernigeröder Bank hinab zum Ilsenburger Stieg. Hier geradeaus weiter nach Ilsenburg (km 55,0. Km 56,6 quasi geradeaus, km 57,0 rechts bergauf).

57,9 In Ilsenburg links halten, dann am Teich entlang.

58,4 An der Hirschapotheke endet die erste Etappe.

36 VON ILSENBURG NACH O

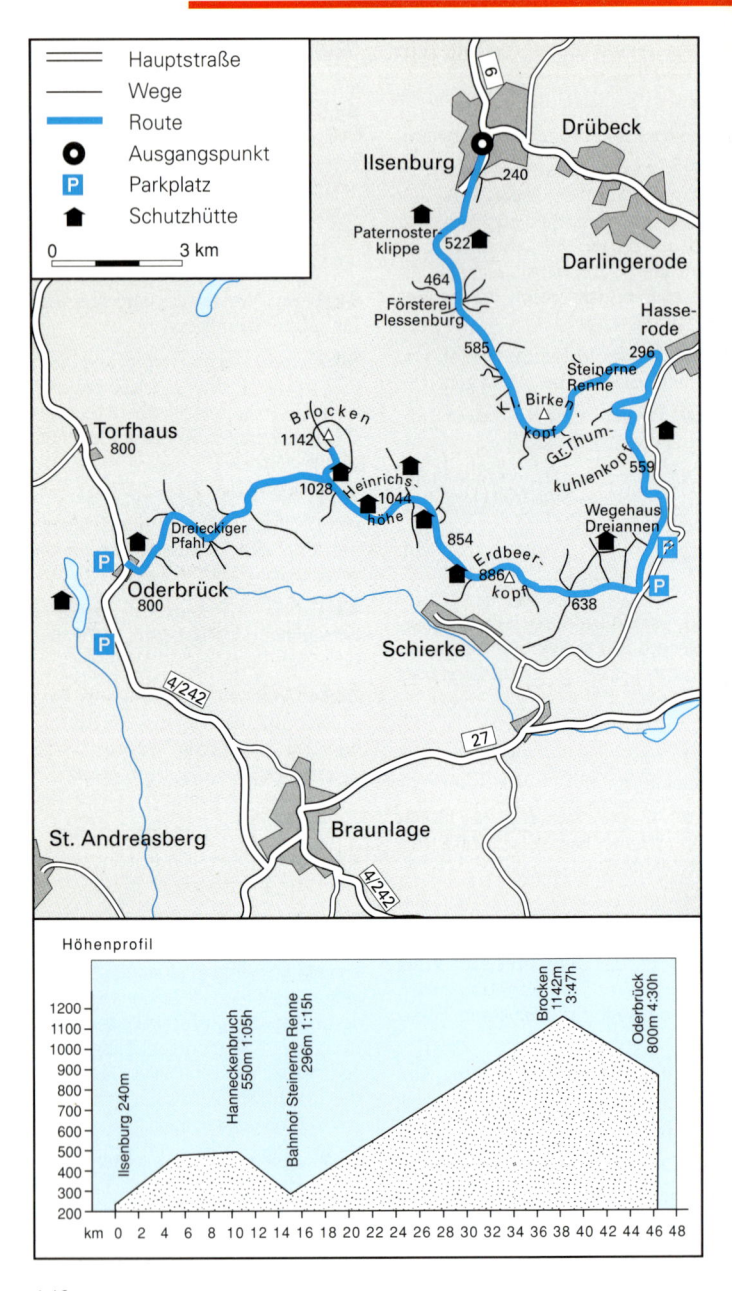

Legende:
- Hauptstraße
- Wege
- Route
- Ausgangspunkt
- Parkplatz
- Schutzhütte

0 — 3 km

Orte und Punkte:
- Ilsenburg 240
- Drübeck
- Paternosterklippe 522
- Försterei Plessenburg 464
- Darlingerode
- Hasserode 296
- Steinerne Renne
- Birkenkopf 585
- Gr. Thumkuhlenkopf 559
- Brocken 1142
- Heinrichshöhe 1028 / 1044
- Wegehaus Dreiannen
- Torfhaus 800
- Dreieckiger Pfahl
- Erdbeerkopf 854 / 886
- 638
- Oderbrück 800
- Schierke
- 4/242
- 27
- St. Andreasberg
- Braunlage
- 4/242

Höhenprofil

- Ilsenburg 240m
- Hanneckenbruch 550m 1:05h
- Bahnhof Steinerne Renne 296m 1:15h
- Brocken 1142m 3:47h
- Oderbrück 800m 4:30h

140

TOURCHECK

km 0,0 An der Hirschapotheke links und bald wieder rechts, jetzt den Hinweisen ins Ilsetal folgen.

1,5 Südlich von Ilsenburg liegt im Ilsetal der Parkplatz am Hinweisschild „Gasthaus Ilsestein". Ab hier radelt man ein kurzes Stück talaufwärts, biegt dann links ab und folgt der Wegweisung zum Gasthaus. Nach ca. 700 m rechts, bald am Gasthaus vorbei, weiter in Richtung „Paternosterklippen".

3,0 Jetzt rechts weiter auf schmalem Pfad, nach 300 m erreicht man eine Wegkreuzung, hier geradeaus.

5,2 Erst geradeaus, dann bald rechts ab und bergauf bis zum Gasthaus „Plessenburg". Wieder geradeaus, am Forsthaus etwas rechts halten in Richtung „Steinerne Renne".

8,5 Etwas links halten, nach 600 m rechts und nach weiteren 500 m nochmals rechts.

10,0 Am Forsthaus Hanneckenbruch geradeaus.

10,6 Nahe der „Steinernen Renne" auch geradeaus, nach 800 m kommt man an einen Wegestein, hier rechts bergab. Alternative: Biegt man bei km 9,7 rechts ab, dann kann man ab dem Gasthaus auf schwerem Trialpfad bergab fahren. Allerdings hat man es hier mit sehr vielen Spaziergängern zu tun.

14,5 Man erreicht den Bahnhof Steinerne Renne, jetzt parallel zu den Gleisen wieder bergauf in Richtung „Drei Annen".

18,5 Rechts und gleich wieder links.

22,0 Am Gasthaus Drei Annen rechts halten und auf markiertem Weg zum Bahnhof Hohne.

24,0 Nahe dem Bahnhof rechts. Man folgt dem Glashüttenweg mit der Markierung rotes Rechteck in Richtung „Erdbeerkopf".

28,8 Jetzt links halten, weiter Richtung „Spinne".

29,3 Weiter auf dem Glashüttenweg in Richtung „Brocken".

34,7 Man erreicht die Brockenchaussee, auf ihr jetzt bergauf.

38,7 Man erreicht den Gipfel, fährt dann auf Straße ein Stück zurück.

40,2 Wo die Brockenbahn zum ersten Mal die Straße quert, biegt man rechts in den Goetheweg ein, nun geht es erst einmal parallel zur Eisenbahnstrecke bergab.

42,6 Rechts halten und auf Betonplatten an der Landesgrenze entlang.

43,5 Erst rechts, dann am „Dreieckigen Pfahl" geradeaus.

44,8 Links abbiegen und auf sumpfigem Kaiserweg nach „Oderbrück" (km 46,5).

37 VON ODERBRÜCK NAC

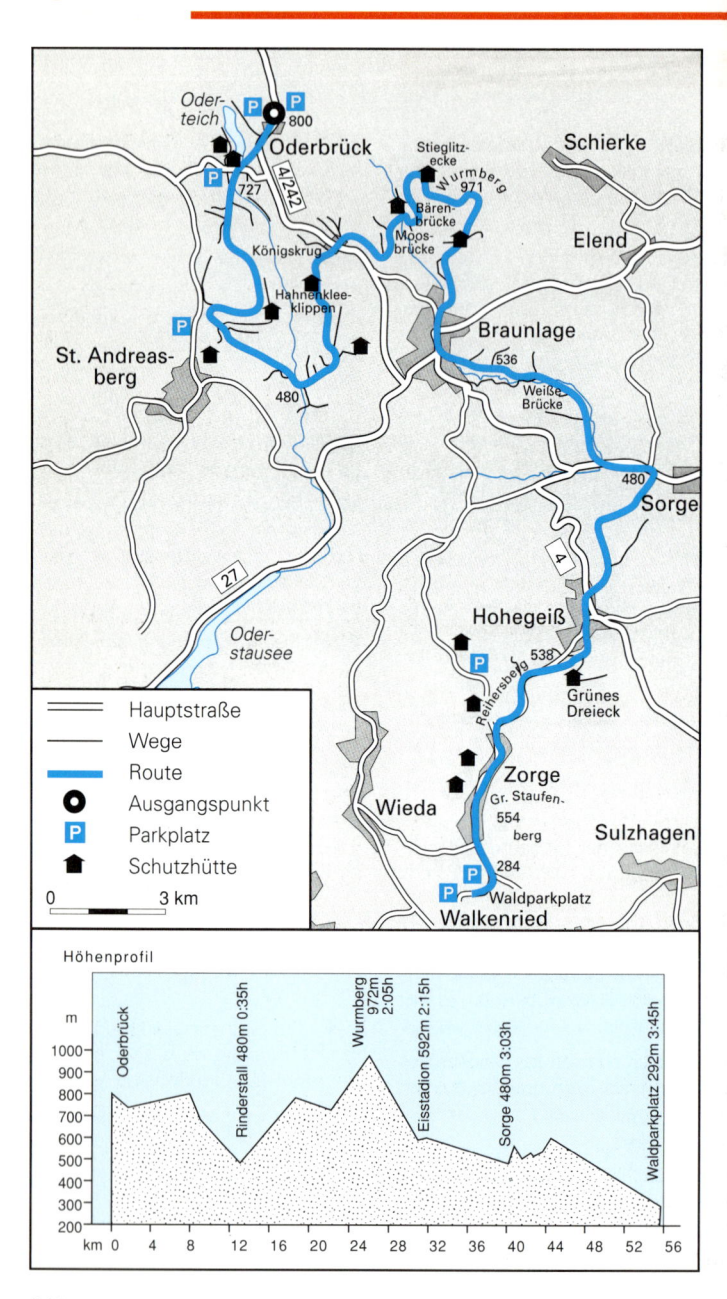

ALKENRIED

TOURCHECK

km 0,0 In Oderbrück die B 4 queren und dann links halten. Nun auf dem markierten Weg 9c (blaues Rechteck) zum „Oderteich".

1,8 Am Ende der Staumauer nach links die Landstraße queren und dann erst einmal ein Stück weiter auf dem Rehberger Grabenweg.

3,1 Jetzt rechts abbiegen und weiter auf dem Rudolf-Meier-Weg (gelbes Dreieck).

4,1 Man stößt auf den Rehberger Planweg, hier links in Richtung „Hohe Klippen".

8,4 Nach tollem Panoramaweg erreicht man nahe dem Haus Sonnenberg einen Wanderweg, auf diesem nach links weiter in Richtung „Rehberger Graben". Nach 400 m etwas rechts halten.

9,0 Nun hart links und auf Teer bis zum Graben, hier quasi geradeaus auf der sogenannten Lochstraße am Kellwasser entlang bergab ins Odertal.

11,7 Bis hierher immer geradeaus, dann rechts und weiter bis zum Gasthaus „Rinderstall".

13,0 Nahe dem Gasthaus zweigen in kurzer Folge zwei Wege rechts ab. Man wählt den zweiten und folgt nun bergauf der Wegweisung zum „Königskrug".

16,2 Links abbiegen und weiter auf geteertem Forstweg in die angegebene Richtung.

17,2 Hier kann man links abbiegen und einen Abstecher zu den Hahnenkleeklippen machen, um die Aussicht zu genießen.

18,7 Am Königskrug überquert man die B 4 und hält sich am Achtermannhäusel in Richtung „Bodetal".

22,1 Im Tal erreicht man einen geteerten Weg, dann rechts über die Moosbrücke.

22,8 Nach der Bärenbrücke rechts, 200 m weiter links. Nach weiteren 200 m wieder links und auf Teerweg zum „Wurmberg".

26,1 Weiter Richtung Schanze, hier links auf Serpentinenweg bergab. 900 m weiter links, am Schanzenauslauf rechts, bei der Seilbahntrasse links auf Skiabfahrt Nr. 1 zurück zur Talstation der Seilbahn.

31,1 Geradeaus über den Parkplatz am Eisstadion entlang.

31,4 Links und auf der B 27 bergan, nach 200 m rechts ab.

31,9 Man folgt dem jetzt geschotterten „Ramsenweg" geradeaus.

34,0 An der „Fuchsfarm" scharf rechts und auf Teerweg weiter.

34,5 Links die Bodebrücke queren, dann sofort wieder links und am Flüßchen talabwärts in Richtung „Sorge".

37,3 Bis hier geradeaus, nun links halten.

38,3 Kurz vor der B 242 links und auf alter Eisenbahntrasse, jetzt Schotterweg, weiter.

38,5 Man erreicht eine Landstraße, hier rechts, dann die B 242 kreuzen und weiter über die Bodebrücke.

39,7 Links, auf schmalem Weg am Graben Richtung „Raststüble".

40,2 An Gleisen rechts bergauf nach „Hohegeiß" (grüner Punkt).

40,7 Am alten Grenzstreifen links und bergab.

38 VON WALKENRIED NAC

Fortsetzung von 37 Von Oderbrück nach Walkenried

41,5 Rechts halten, am Ochsenbach entlang talaufwärts bis zu den Betonplatten der alten Grenze, hier links und auf diesen weiter.

43,5 Rechts auf Schotterweg zur Straße, dort links und auf ihr weiter nach Hohegeiß, im Ort dann rechts ab in Richtung „Sorge".

45,4 Hier links ab in Richtung „Schwimmbad", dort links, dann sofort rechts bergab durch das Tal des Bärenbachs in Richtung „Sorge".

46,8 Rechts halten, weiter bergab.

47,3 Die Landstraße kreuzen, dann sofort links, weiter bergab am Bach entlang.

48,0 Links halten, den Bach überqueren, dann sofort wieder links.

48,6 Man erreicht die Straße, und darauf geht es nun talabwärts weiter. Dabei durchfährt man das schöne Sorge. Anschließend bleibt man auf der Straße und kehrt dann zurück nach Walkenried.

55,7 Rechts der erste Waldparkplatz kurz vor oben erwähntem Ort ist das Ende dieser Etappe.

38 VON WALKENRIED NACH HERZBERG

TOURCHECK

km 0,0 Den Startpunkt dieser Tour erreicht man, wenn man von Walkenried auf der Straße in Richtung „Sorge" fährt. Man biegt am zweiten Parkplatz nach links ab und radelt in nördliche Richtung auf dem Eselstreiberweg.

2,1 Bis hierher geradeaus, dann die Landstraße queren. Nun etwas rechts, weiter bergauf.

2,5 Geradeaus weiter auf stark verwachsenem Weg. Nach 200 m links halten und erst einmal auf dem Kaiserweg weiter.

3,0 Links am Eichenberg entlang, nach 700 m links und weiter auf dem Kaiserweg.

4,1 Auf verwachsenem Weg weiter geradeaus.

4,7 Rechts und auf gutem Forstweg weiter.

5,4 An der „Spukstelle" scharf rechts zum „Jagdkopf". Dort etwas links weiter in Richtung „Helenenruh'".

6,8 Rechts ab und weiter auf breiterem Forstweg.

7,8 Nun immer geradeaus, auch an der Helenenruh'.

8,1 Rechts ab, hinab zum Sprakelbach.

9,8 Nun links ab und auf Singletrail bachaufwärts.

9,9 Geradeaus und 400 m weiter auf Forstweg, dann rechts weiter auf Singletrail.

10,5 Am Parkplatz geradeaus weiter auf „Alter Poststraße".

HERZBERG

11,2 Bis hierher geradeaus, dann auf Landstraße bergauf. Bald rechts, über eine Brücke, dann links, weiter bergauf.

14,5 Zweimal links, dann geradeaus über Parkplatz „Nullpunkt", Landstraße queren, weiter auf Waldweg.

15,7 Links auf die Landstraße, dann sofort rechts weiter auf schmalem Trail in Richtung „Braunlage".

16,2 Geradeaus, nach 300 m rechts halten.

16,6 Man erreicht den Kaiserweg, hier links weiter zum „Stöberhai".

18,8 Immer geradeaus, auch an der Weggabelung hier. Man fährt bergauf.

19,0 Etwas rechts halten.

20,4 Bis hierher geradeaus, jetzt auf breiterem Schotterweg nach links abbiegen, dann sofort wieder links bergauf auf Schotterweg, diesen sofort nach rechts verlassen, jetzt auf Grasweg steil bergauf.

20,9 An der Militäranlage rechts halten und am Zaun herum bis zur Straße, hier links auf Waldweg weiter.

21,4 Am Gipfel angelangt, wählt man den gleichen Weg zurück bis zur Teerstraße, hier nun bergab.

22,7 An der Schutzhütte jetzt rechts, runter von der Straße und vor dem Hütteneingang steil bergab auf Grastrail.

23,9 Am Metallgittertor rechts und auf Schotterweg weiter.

25,0 Erst links, dann sofort wieder rechts, weiter bergab.

26,3 Wer immer auf dem Hauptweg geblieben ist, kommt jetzt zur Odertalsperre, in der Baden übrigens erlaubt ist. Man biegt hier rechts ab und fährt auf dem Uferweg immer am See entlang.

26,8 Hier links weiter.

28,7 Wieder etwas links halten, 600 m weiter gilt dasselbe.

30,3 Nach der Wegschranke am Campingplatz links halten, die Brücke überqueren und dann zur Landstraße. Hier rechts ab und auf der Straße noch wenige Kurbelumdrehungen weiter, bis man nach ca. 100 m dann links auf Schotterweg abbiegt.

30,5 Rechts halten.

33,2 Bis hierher geradeaus, nun rechts halten, weiter auf Schotterweg.

33,5 Geradeaus, ab hier Markierung „blauer Punkt" beachten.

34,5 Nach einem kurzen Stück auf Teer jetzt scharf links abbiegen, weiter auf schmalem, grasigem Pfad.

36,0 Am Engelsburger Teich geradeaus weiter auf Singletrail.

37,0 An der blauen Halde jetzt einen Forstweg kreuzen und bergab, an den Skiliften entlang bis ins Tal.

37,8 Man erreicht die Straße, hier links und auf Hauptstraße bergauf in den Ort.

38,6 Nun erst rechts, dann links steil bergab, weiter auf öffentlicher Straße.

41,0 Jetzt rechts ab und auf Straße in Richtung Sieber.

42,1 Am Paß links ab und auf Schotter in Richtung „Knollen". Km 42,4 rechts, km 43,3 geradeaus, km 44,6 nach rechts.

45,2 Rechts, nach 600 m links, bei km 46,0 rechts halten.

48,8 Nach kurzer steiler Abfahrt erreicht man eine Wegkreuzung mitsamt Köte, hier geradeaus in Richtung „Knollen", dessen Aussichtsturm man von hier aus schon sehen kann.

38 VON WALKENRIED NAC

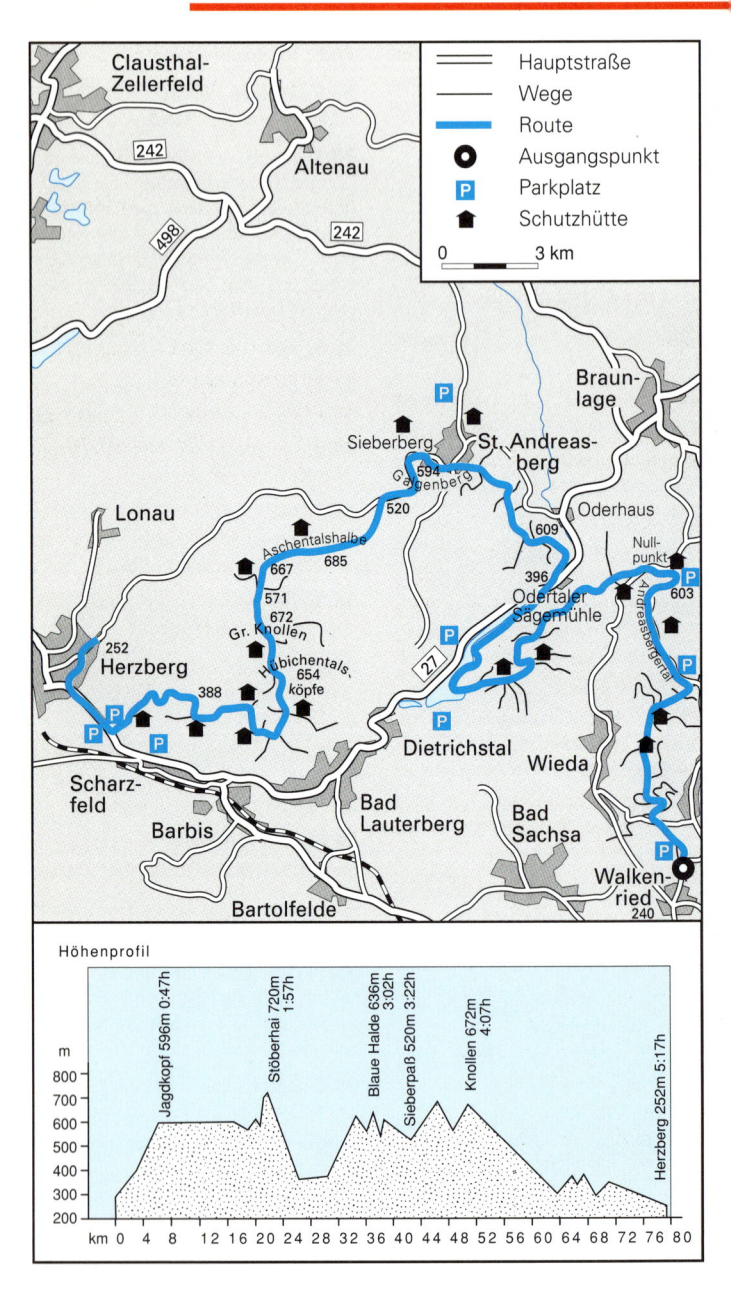

146

HERZBERG

49,3 Geradeaus, nach 400 m links, nun geht es sehr steil bergauf.

50,4 Rechts zum Gipfel, dann auf gleichem Weg zurück.

50,6 Rechts ab, es geht auf schmalem Trampelpfad steil bergab.

58,8 Man überquert einen Forstweg, fährt ca. 300 m weiter geradeaus, biegt dann rechts ab und folgt dem schmalen Wanderweg (blaues Rechteck).

59,5 Weiter geradeaus in Richtung „Hentschelköte".

61,5 An der Knollenkreuzköte hält man sich links in Richtung „Bad Lauterberg".

62,8 Man erreicht einen Forstweg, biegt rechts ab und fährt oberhalb der alten Kupferroser Schächte hinab ins Heibeekstal (km 13,4). Hier rechts abbiegen, ein Stück auf Teer, dann geradeaus weiter auf geschottertem Weg.

64,2 Jetzt biegt man links ab („Himmelshöhe") und fährt auf schmalem Weg bergauf. Nach 600 m rechts ab.

65,4 Rechts halten und weiter bergauf. Nach 200 m im 90°-Winkel nach links abbiegen und auf schmalem, steilem Weg bergab in Richtung Barbis. Nach 100 m links halten.

66,2 Man erreicht die geteerte Forststraße im Andreasbachtal, rechts abbiegen (90°) und talaufwärts. Bei der Wildfütterung links halten.

67,6 Am Schweineplatz links, dann sofort wieder rechts.

69,1 Im Bremketal biegt man nun scharf rechts ab, überquert die Brücke, ab hier wieder bergauf (geradeaus).

70,1 Am „grünen Stern" erst geradeaus, dann halb links bergab.

71,5 Im Eichelnsgraben hart links und bachabwärts fahren.

72,9 Erst rechts über den Bach, dann wieder links und dem Bachlauf weiter talabwärts folgen.

74,0 Ab jetzt auf geteertem Weg weiter geradeaus.

75,1 Man erreicht die alte Herzberger Straße, rechts abbiegen.

77,2 Am Juessee in Herzberg biegt man rechts ab und fährt nun weiter auf der Juesholzstraße.

78,3 Rechts abbiegen und weiter auf der Hindenburgstraße bis zur Papierfabrik (km 78,6).

39 VON HERZBERG NACH C

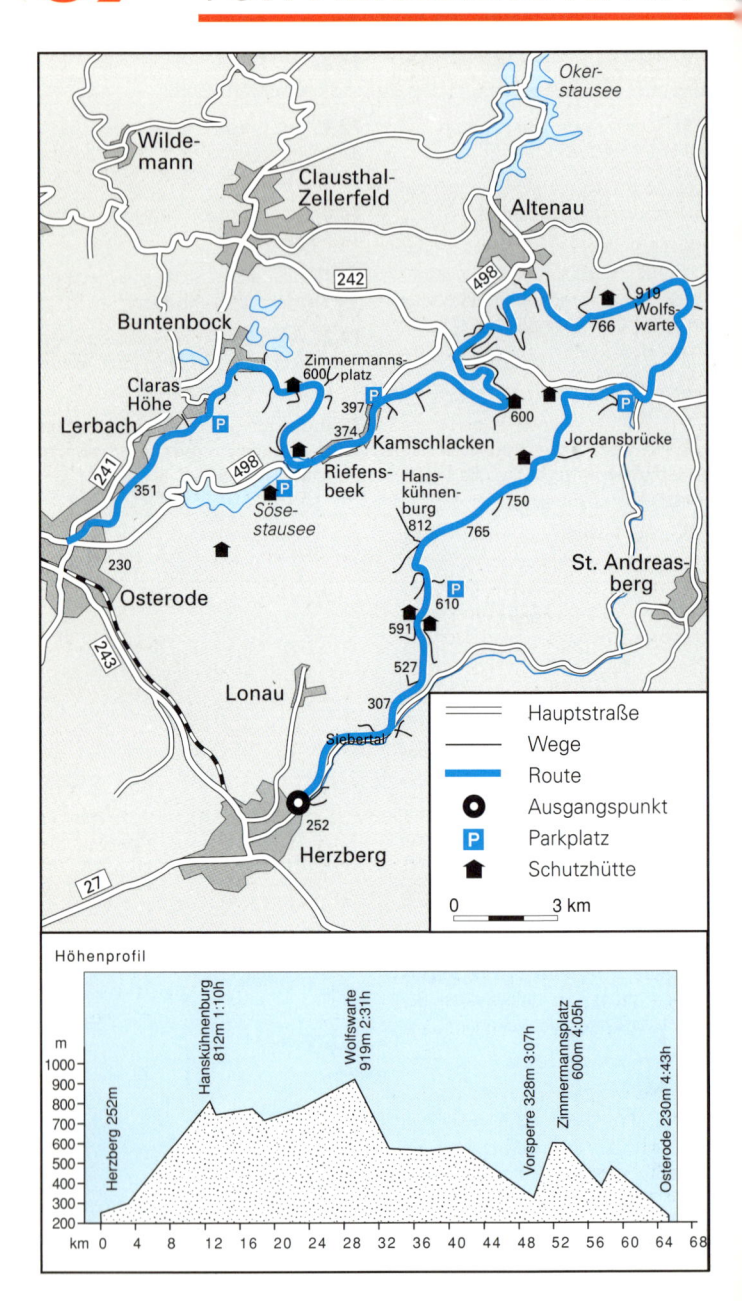

ERODE

TOURCHECK

km 0,0 In Herzberg biegt man von der B 243 in Richtung Sieber ab, bald fährt man an der Papierfabrik entlang und kann nahe dem Getränkehandel parken. Nun fährt man mit dem Bike noch ein Stück auf der Landstraße weiter in Richtung Sieber, überquert gleichnamigen Fluß, hält sich dann links und durchquert ein Holztor (km 0,0). Ab hier fährt man nun weiter auf anfangs schmalem Wanderpfad. Nach 800 m und nach 1500 m quert man jeweils einen Forstweg, hier erst links und sofort rechts weiter auf schmalem Weg.

3,2 Am Gasthaus Paradies verläßt man nun den schmalen Weg, man hält sich links und fährt auf geschottertem Forstweg ansteigend. Bei km 5,8 geradeaus. Bei km 7,3 etwas links halten, nicht auf Forstlehrpfad oder markierten Wanderweg abbiegen. Km 7,9 geradeaus. Bei km 8,1 überquert man den Forstlehrpfad. Bei km 8,5 und 9,9 jeweils geradeaus.

10,4 Man erreicht die geteerte Kirchtalstraße, hier hält man sich rechts und fährt auf ihr weiter bergauf. Km 10,6 und km 10,8 jeweils geradeaus.

11,8 Man erreicht die Ackerstraße am sogenannten Teilungspfahl, diese überqueren und weiter bergauf zur Hanskühnenburg (bewirtschaftete Baude).

12,4 Nun geht es wieder bergab zurück zum Teilungspfahl, hier hält man sich links und fährt auf der Ackerstraße weiter. Km 15,4 und 16,9 jeweils geradeaus.

17,4 Jetzt geht es erst einmal ein Stück (rechts) bergab, bei km 18,6 muß man sich dann links halten und wieder bergauf fahren. Nach 300 m hält man sich etwas rechts.

22,0 Geradeaus, nach 700 m rechts und auf Straße weiter.

23,5 Links ab, nach 1000 m rechts, dann am Flutgraben entlang.

27,0 Wieder links und auf bachbettähnlichem Weg bergauf zur Wolfswarte.

28,9 An der Klippe links und auf steinigem Weg bergab. Bald erreicht man einen Schotterweg, hier links und weiter bergab.

31,2 Links (90°) ab und trialmäßig am Okerstein bergab, nach 300 m rechts halten.

31,8 Rechts auf Schotterweg bergab in Richtung „Altenau".

32,8 Jetzt links weiter am Graben entlang bis zur Landstraße, dort dann links weiter.

37,6 Die B 242 kreuzen und etwas rechts halten, dann am Morgenbrodtstaler Graben entlang zum „Großen Wehr".

41,2 Am Wehr rechts halten und bergab auf Teer.

45,4 In Kamschlacken erreicht man die Landstraße, hier links und auf ihr bis zum Ortsausgang Riefensbeek.

47,6 Rechts ab, nach wenigen Metern etwas links und an der Vorsperre entlang (Verlobungsweg).

49,4 Jetzt rechts auf dem „Großen Limpig" bergan.

149

40 VON OSTERODE NACH GO

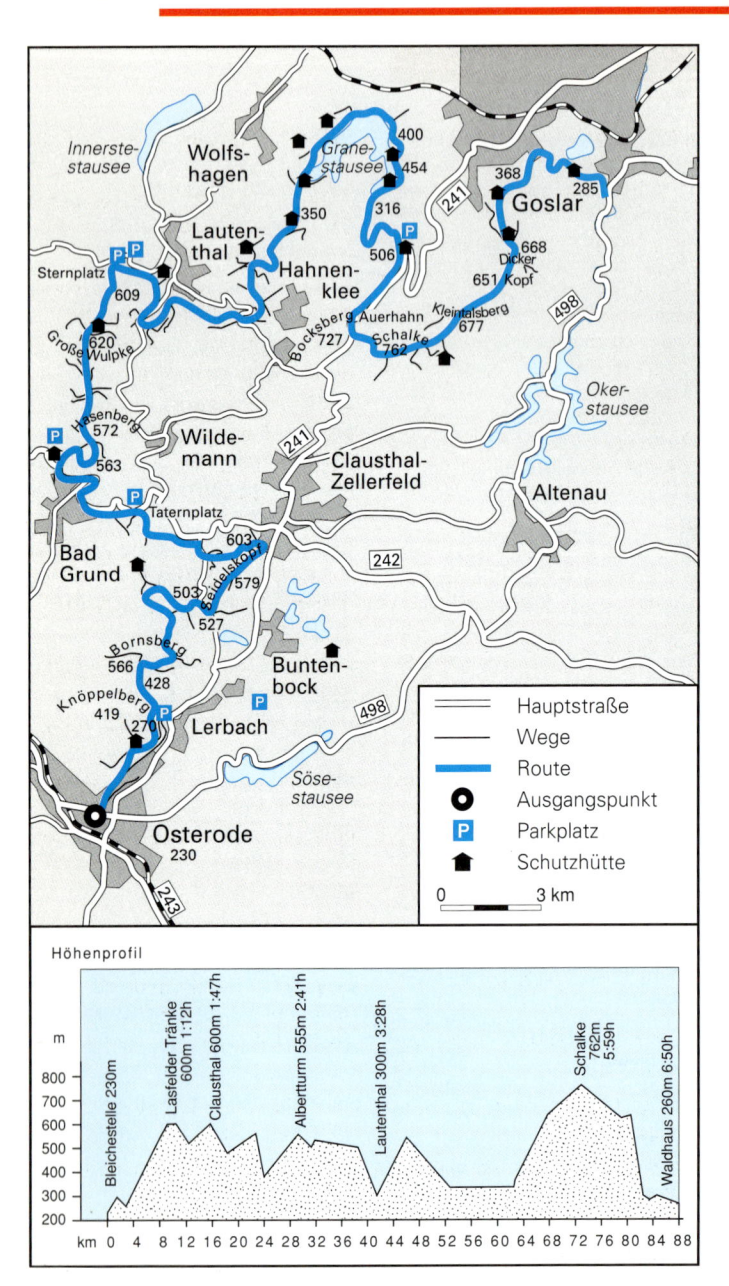

TOURCHECK

km 0,0 Bleichestelle auf Scheerenberger Straße in westliche Richtung, dann rechts zur „Freiheit". Bald links auf der „Alten Harzstraße" bergauf.

1,5 Am Sportplatz halb links ins Bremketal.

2,7 Im Tal rechts zunächst auf Teer leicht bergan.

9,3 Bei der Lasfelder Tränke nach 300 m links.

10,6 Rechts, nach 200 m wieder rechts zum „Oberen Hahnebalzer Teich". Über die Staumauer, dann links.

12,3 Rechts auf Teer zum Gasthaus Obere Innerste, dort links weiter auf Richterweg. Nach 700 m links, über Staumauer des „Haderbacher Teiches". Über Forstweg nach „Clausthal".

15,9 In Clausthal links Richtung „Bad Grund" (rotes Dreieck).

17,2 Links, nach einem Singletrail erreicht man einen Forstweg, rechts.

17,7 Links bergab auf schmalem Weg.

18,3 Am Zechenhaus Untere Innerste (bewirtschaftet) rechts, auf Fahrweg 900 m weiter, kurz vor B 242 links auf „Kreuzbachweg" weiter.

22,4 Am „Taternplatz" parallel zur Straße auf Pfad weiter.

23,1 Rechts steil, dann auf Teer weiter, bergab.

23,8 Hier scharf links ab und auf Teer weiter bergab.

24,2 In Bad Grund Hauptstraße queren, weiter auf Horizontalweg.

25,9 Am Eisensteinstollen links Richtung „Iberg".

26,6 Über Schurfbergstraße, rechts weiter auf Horizontalweg.

27,6 Am Häbichenstein rechts, Die B 242 queren, dann am Wanderparkplatz weiter Richtung „Albertturm".

28,1 Links weiter, nach 400 m rechts und weiter bergauf.

29,6 Am Albertturm weiter in Richtung „Spinne".

29,9 An der Spinne biegt man links ab in Richtung „Sternplatz".

30,6 Am „Keller" geradeaus über die alte Chaussee und weiter zum „Grünen Platz". Hier erst rechts und dann links. Auf Grasweg zum Strommast hinauf, hier links.

38,3 Am Sternplatz vor Straße rechts auf Teer bergab.

41,2 In Lautenthal links, über Brücke und Landstraße, dann Singletrail in Richtung „Hahnenklee–Bockswiese" folgen.

41,6 Links, sofort wieder links. Am Schotterweg links, nach 200 m links am Graben entlang.

43,3 Rechts halten, nach 100 m scharf rechts und bergauf.

43,9 Scharf rechts um das Gasthaus herum und weiter bergauf, nach 200 m scharf links.

45,1 Rechts.

46,2 Geradeaus, Landstraße queren in Richtung „Gottlob".

47,0 An der Schutzhütte weiter zur „Rolle", dort rechts.

52,5 An der Talsperre links, jetzt den Stausee umrunden.

40 VON OSTERODE NACH GOSLAR

62,5 Teerweg nach links in Richtung „Glockenberg" verlassen.

63,6 An den Halden rechts, nach 100 m am alten Grubengelände scharf rechts, jetzt Richtung „Hahnenklee"

64,4 Parkplatz „Hohe Kehl" überqueren, am Ende rechts, weiter auf der alten Harzstraße.

67,1 Links, am „Auerhahn" die Straße queren, dann am Parkplatz rechts halten und weiter auf der „Alten Harzstraße".

68,7 An der Bundesstraße links auf schmalem Weg weiter.

69,7 Staumauer des „Großen Kellerhalsteichs" queren, geradeaus. Dann rechts am alten Graben entlang.

70,9 Grabenweg nach links verlassen. Nach 400 m rechts, sofort wieder links auf schmalem Weg bergauf zur „Schalke".

73,0 Vom Gipfel geradeaus Richtung „Rammelsberg".

78,9 An der Waldschrathütte auch weiter zum „Rammelsberg".

80,3 Nun über den Gipfel, dann geradeaus nach Goslar.

83,0 Am Gasthaus rechts Richtung „Oker".

83,3 Rechts halten.

84,5 Links.

88,0 Man erreicht das Waldhaus in Oker. Ende.

Bitte beachten Sie die folgenden Seiten

Biker's Home

- Touren
- Bike-School
- Leih-Bikes
- Bike-Werkstatt
- Sauna + Solarium
- Alle Zimmer mit Du./WC + TV

- Bikeprogramm bei

Harz-Hotel zur Tanne

Besitzer Familie Klose
Rollberg 39 · 37520 Osterode/Harz
Telefon 05522/4044

WEITERE ERLEBNISTOUREN IM MITTELGEBIRGE

Frank Klose

**Bike-Touren
Band 2:
Schwarzwald Nord**

152 Seiten mit 30 Farbfotos sowie 41 farb. Übersichtskarten und 30 Höhenprofilen, Kunststoffeinband
ISBN 3-7688-0837-8

Streßfrei Biken in Deutschlands Mittelgebirgen: Die Autoren kennen die Routen, die jeden auf den Geschmack bringen. Und sie wissen, worauf es ankommt. Sicher führen sie durch je 40 Ein- und Mehrtagestouren, vom „Familienausflug" bis zur „Brutaltour" sind alle Schwierigkeitsgrade vertreten. Streckenprofile, Tourenchecks und Kartenausschnitte geben ein klares Bild jeder Route. Akribisch genaue Beschreibungen mit exakten Kilometerangaben schützen vor verfahrenen Situationen.

Erhältlich im Buch- und Fachhandel

In Vorbereitung:

Frank Klose

**Bike-Touren
Band 3:
Schwarzwald Süd**

Roland Buderath

**Bike-Touren
Band 4: Eifel**

Delius Klasing Verlag

FOLLOW ME.

bike zeigt eine faszinierende Sport- und Freizeitwelt: Das Mountainbiken. Alle interessieren sich für diese Szene. Tun Sie es auch! **bike** bringt einfach alles: Tests, Neuheiten, Touren, Stories rund um's Bike, Infos über Zubehör, das richtige Outfit, Fahrberichte von Profis usw. Holen Sie sich **bike** – 10mal im Jahr im Zeitschriftenhandel.

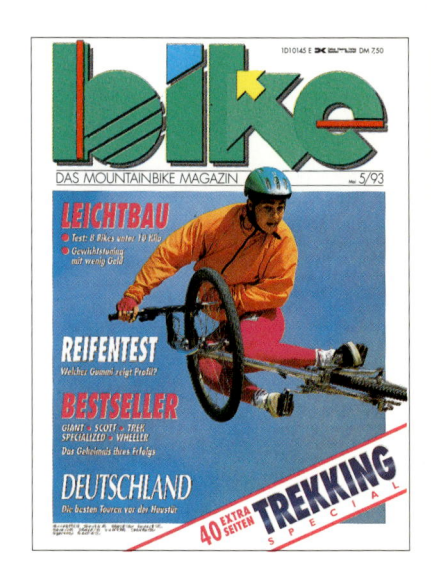